U0567954

销售罗盘系列

赢单罗盘

大客户销售制胜之道

夏凯◎著

中国人民大学出版社
·北 京·

罗盘，又名罗经，融先贤哲学思维和智慧于一体，经天纬地、勘察断事，无所不指无所不包。

销售，大客户销售组织复杂、角色多、流程长、影响因素多、过程抽象，更多依靠经验判断。

赢单罗盘，将复杂销售的影响因素，基于逻辑分类并结构化，借助大数据和人工智能，探索规律、揭开迷局、识别风险、发掘机会、提高赢率，探寻大客户经营的成功之道。

序

十年潜心铸一剑

整十周年。

从 2009 年开始接触策略销售，到 2018 年整十年了。

十年间，始终关注和思考一件事，不断思考不断分享，每次都有新的感悟、启发和收获。有幸在人生旅途中亲历了这样一个美妙过程，有了这样难得的人生体验。

这套思维和方法，也在不断地思考、传播、实战、总结中优化和升华，逐步形成一整套逻辑清晰、结构完整、资源齐备的理论体系，同时也是一套完整的工具和应用体系。

这套方法和体系，除十年来亲授超过 300 场外，更有 528 位导师参加认证，举办培训辅导分享超过 2000 场次，累计分析大单金额超 1000 亿元，超过 10 万销售人受益。

勿忘初心。

驻足回首，重整行装再出发。

为了什么

推开这扇门，偶然中的必然。

从销售一线到总部拼杀奋战多年后，我于 2009 年出任用友大学营销学院院长，负责公司的全国营销训练体系。要找准业务难题、打造业界精品，就必须找到关键突破点。回想我从 2000 年开始接触解决方案和顾问式销售，逐步接触和操盘大单，特别是自 2004 年开始负责大区和全国的业务线后，感受到销售团队普遍存在的严重挑战是，在面对一个复杂大单时，销售往往没有统一的章法套路，都在根据自己的感觉和经验摸索判断，导致在自己的销售生涯中遭遇了一个个残酷的场景。

很多兄弟见到大单兴奋、紧张，鼓足勇气、奋不顾身冲上去，常被碰得满头包，纠缠其中迷茫无助，甚至经验不足被对手下套。那种处心积虑经营半年多，最后痛失机会惨淡出局的场景，历历在目。内心强大些的，强打精神投入下一场战斗。更多朋友自此一蹶不振，随后在江湖上销声匿迹。其间有多少痛苦、多少迷茫，又有多少青春就这样埋葬其中？真可谓九死一生。

那些打下大单的少数英雄，切身体会了那种感觉，冥冥中有了些自己的套路，可分享出来的经验却很难直接复制。结合自己打单心得和推动全国业务的经验，我隐约感觉到，成功背后一定有些规律，一定有套方法，能指导销售打大单，能指导不同行业业务的打单路径，能形成集团、分公司和销售团队之间的统一思维和语言，能让销售人不再那么纠结、迷茫、时喜时悲……

带着这些问题和期望，我开始了探寻之旅。

做了什么

经验从实战中来

带着使命和责任，思考到底应该如何破解销售难题。实践出真知，成功的方法，势必藏于那些成功的人身上。我们随即邀请和召集了当时最叱咤风云的那些江湖大佬，他们身上有着太多的经验和伤疤。分享经典打单案例、分析组织结构、研讨攻防对策、归纳成功经验、总结失败教训，梳理脉络和要点，探寻思维框架和打单方法。最初的积累和宝贵财富弥足珍贵。现在他们中很多人已是公司创始人、总裁或高管。

师夷长技以治夷

当年在本土企业做销售，遇到的最强劲对手莫属那些外企。结合与外企多年的大单争夺战，感觉到要想在高端市场正面迎击，必须了解、熟悉和适应他们的打法。按这个思路，我们开始关注和研究各家的销售套路，顺藤摸瓜，逐步接触到为其服务的世界级咨询机构。

几经考察后我们决定直接和国外的知名销售咨询机构合作。据销售咨询机构的朋友说，这是本土企业首次引入国外的销售咨询服务，这些外资销售咨询公司之前更多服务外企。折腾一番后，有两个重大发现。一方面，销售打单的成功确有共通之处，并且很多世界级企业正在使用，经过我们自己多张大单复盘，也得以验证这些方法的有效性。另一方面，我们发现这种方法的导入训练要求很高，不仅对老师要求非常严苛，对学员要求也很高。

相较来说，外企入职经过严格选拔，入职训练时间较长，公司匹配的训练机会和资源丰厚，而本土很多销售没有机会经过严格选择和专业训练，同时一两位外聘老师很难支撑全国数千人规模的培训，而精致小班教学、抽象理论理解、工作坊式研讨，亦很难适应本土基层销售人员的实际情况。

必须找出一条适合本土实际情况的路。

学我者生，像我者死

不结合本土实际、不考虑一线人员现状，肯定是不行的。再好的理论方法，单纯照搬也行不通。基于顶级理论，结合自身实践，构建符合应用人群和对象的模式方法，才会更有效果。

我们不断研究探索，结合训练对象和业务实际，对训练内容重新梳理，教学方式是以案例教学推广行业大单打法，通过沙盘对抗激活旧知，面向问题重点教学。还要改变以老师讲解为主的方式，让学员对抗讨论分享，老师用对抗结果和理论点评教学。通过显性的教学过程设计、精细化教学资源与工具设计，确保能认证、复制内训师，进行规模化覆盖。同时必须有落地应用工具，通过工具真正让大家用起来，并形成机制，纳入管理制度。

模型是理论研究的核心。大客户复杂销售是个差异化很强的抽象任务，没有任何两个客户和项目是相同的。研究理论模型、形成评估模型、做沙盘对抗的思路，曾受到很多人质疑。即便如此，我们仍笃信不疑、义无反顾。那段时间对销售各要素及其之间相互逻辑的分析梳理，为之后多年的研究和实践奠定了重要基础。

历练琢磨，渐自成蹊

三年后，集团组建教育业务板块。

这套方法也随之走向市场。走向市场需要精品，从事教育行业不能外行。这期间，我有机会接触并研究组织绩效模型和教育教学理论，找到了组织绩效提升、管理体系构建、个人行为改变、教学方法与过程设计等诸多方面的理论依据。这套方法也随之不断成熟和体系化。

从企业培训到院校教育，从职场精英到院校学子，从军工到制造，从通信到金融，从传媒到服务，所到之处即历练之机会。这套方法在不同行业得以验证，被多所高校纳入教学计划，被多个知名学府总裁班和营销班引入。

又三年后，移动互联网一夜爆发。

互联网、云计算、大数据随之扑面而来。平台战略、大数据、生态带来深度思考和巨大冲击。我一直在想，这套方法靠个人讲授，即使一年讲100场，一场50人，一年最多也才覆盖5000人。而全国有3000万大客户销售，个人再努力也如沧海一粟，有没有办法让更多人讲、更多人学、更多人用呢？这么大量的对抗数据，蕴含了多少经验和秘密，该如何收集和分析？有没有更简洁易用的分析工具让大家应用？该如何提升组织销售能力、改变销售人的生存现状？

教育业务战略聚焦院校市场，企业市场机会又如此之大，该何去何从？有道是不破不立，不舍不得，几经思考后我毅然走上独立创业之路，组建了销售罗盘①。

聚焦B2B销售领域，我从头重新梳理，潜心重构模型，寻找创业伙伴，投入资金研发互联网平台，开发在线对抗工具和分析软件。几个月后，得知我所做的事，并考察过平台和产品原型后，用友集团投资公司和教育公司两位老东家联合进行了战略投资，我因此备受鼓舞，也无比感恩。

又一个三年后，创业路上不断探索。

以“开放、众创、共赢”为文化，以“用软件玩培训、让培训更落地”“用培训玩软件、摆脱应用困境”“数据颠覆权威、智能驱动销售”“平台带动应用、汇聚众人力量”为模式，我在创业路上不断探索前行。至今团队发展到数十人，其中软件平台研发人员占到68%，已获得几十个项目的软件著作权和产品著作权。

三年来我们服务了数百家企业，包括中国电信、华为、平安等500强，

① “销售罗盘”指的是寒崖（北京）网络科技有限公司，销售罗盘为该公司拥有的注册商标。

中国建研院、中国纸业等央企，以及诸多行业龙头和创业新秀。在实践中，我们不仅形成了更加完善的理论体系和适用不同行业的分析模型，更衍生出考试测评、定制案例对抗训练、实战工作坊、在岗双周实战辅导、全国营销技能竞赛、大数据分析报告等系列应用和服务。感谢客户和伙伴的信任支持，让赢单罗盘①更实用、更丰富和更有生命力。

通过定制行业案例，平台积累了 500 多个行业对抗案例。通过培养导师和教练，平台汇聚了 1 000 多位导师精英。通过技能培训、在岗辅导、技能竞赛，公司逐步形成项目化、标准化运营模式，形成了技能训练平台、工具应用平台、运营平台、协同平台等系列应用。规模化训练和实战应用支撑了大型组织战略与业务策略落地，销售罗盘成为客户赋能与绩效提升的运营伙伴。

这一切，才刚刚起步。

成为什么

凡是过往，皆为序章。

世事纷扰，众音嘈杂。机会很多，诱惑很多。

未来，这套方法将成为什么？赢单罗盘将成为什么？销售罗盘这个团队将成为什么？

唯有通过更清晰的形势研判、更坚定的战略定力、更明确的价值导向、更专业的作战能力，公司才能获得持续健康发展。

① “赢单罗盘”是寒崖（北京）网络科技有限公司所开发的销售应用工具。

聚焦 B2B 销售领域

从供给侧改革到城镇化建设，从智慧城市到数字中国，从产品到解决方案，从交易到战略合作，从单体到生态联盟，从项目交付到联合运营，企业级交易仍将是主流，提供解决方案与联合运营模式将成为核心竞争力，对管理者和从业者要求也更高。刚性、旺盛、持续，这个领域的机会之大，超出想象。

众多销售人奔波其中，他们可能是职场新生代，拥有全新的思维和视角，需要更简单有效的方法和更实用好玩的工具，需要更轻松幸福的销售生活。让销售人不再迷茫，帮助销售人获得成功，做一名幸福销售人，这就是赢单罗盘的使命。

发力云和人工智能

云不仅能降低成本、连接客户，而且能触达诸人、诸事、诸物。云服务能否带给销售人及时有效的帮助？能否给那些缺少训练机会、需要章法套路、还在靠打鸡血维持的三千万销售人以帮助？可能是云工具、云服务，可能是一句提示、一个策略、一位大咖教练的在线辅导……一切皆有可能。

销售是一门复杂的学问，是基于人类智慧与情感本能的组织行为学和社会行为学。依靠人工建模可以大致分析解决问题，而如何将人工智能与业务场景进行融合与应用，通过海量数据挖掘和机器学习让数据自己找到最精准的答案、制定最精准的策略计划，其想象空间巨大。深入研究业务实践，形成人工智能的核心竞争力，成为大客户销售领域的人工智能专家，赢单罗盘义不容辞、当仁不让。

回归客户价值

无客户，不成功。

销售罗盘秉持客户价值驱动的理念，随需而变。

体量庞大的超大型企业，需要建立自己内部专业的、规模化的、持续的赋能体系，内生造血培养内训师和教练，紧贴业务开展规模化训练和实战辅导，赢单罗盘将开放全套资源，助力战略变革落地，帮助组织提升绩效，“让销售成为变革驱动力”！

高速成长型组织需要逐步建立和完善营销体系、训练销售团队、突破关键业务、提升团队业绩，赢单罗盘为其提供训练辅导方法的一体化方案和平台，“一切只为业绩超额”！

中小微创业公司需要基本的销售模式和套路，需要低成本导入基本方法，直接帮助个人打单，直接产生业务结果，赢单罗盘为其提供云工具与在线服务，“您的赢单神器”！

赢单罗盘以核心能力满足客户核心需求。平台上越聚越多的导师群体、易用好玩的工具软件、灵活多变的模型配置、海量的案例和数据，必将爆发出巨大威力。

销售罗盘必将成为企业级营销领域顶级的体系构建者、方法赋能者、绩效提升者，必将成为组织战略变革与销售绩效提升第一运营服务商！

赢单罗盘必将被打造成企业级营销领域第一款赋能型软件！

我偶然踏上了销售之路，从最基层的销售做起，二十年来，困惑过、纠结过、怀疑过、迷茫过、痛苦过，也快乐过。能够在这样的平台上接受训练，能够得到师长高人带领指点不断成长，何其有幸！真心感谢用友平台和各位师长带给我的一切。

而更多的销售人，可能难遇这样的平台和机会，难以接触到专业的方法和训练，只能在实践中不断摸索和尝试。他们希望靠自己的勤奋努力和辛苦付出，去赢得尊严和未来。他们更需要帮助。

还有些销售人，十几年、二十年来身经百战，战功赫赫，作为过来人，他们可以成为导师、教练去帮助正在困惑迷茫的年轻销售人。想想看，当我们自己25岁孤立无助时，有位40岁的老江湖指点一二，那会是什么感觉？成己达人，岂不快哉！你帮助的不是别人，而是十五年前的自己。

过去十年走来，一路风景一路情。

未来十年的路，一起走，可好？

夏凯

2018年11月于北京

目　录

引言　销售那些事儿

力不从心

小张最近有些郁闷。

临近年底冲刺，跟踪了半年多的一个大项目突然有了变化。

冯部长是客户方项目负责人，小张的强力支持者。半年多来，小张不仅自己常跑，还申请公司多位专家顾问到过现场，从初步接触到讨论需求，从制定方案到产品演示，从样板参观到讨论预算，冯部长一直主持并深度参与，对小张及其所在公司也很认可。在此过程中，小张和冯部长多次向主管领导汇报，也赢得了认同和批准。冯部长还协调相关领导和部门参与项目，他们也都表示支持。小张还听说冯部长深得领导信任，感觉胜券在握，冲刺会上向老大拍了胸脯，一定拿下单子！

就在冯部长提交计划准备招标时，公司却安排该项目由另一个人负责。新来的负责人不懂业务，也没看过方案，而且他那里积压了好几份采购计划，据说要排队等候。小张去催他，对方不冷不热。小张找冯部长，冯部长说自己也不好去催，风声紧太主动不合适，看上去有些想避嫌，甚至后来连小张的电话也不接了。

年终冲刺关键时刻，老大给小张下了死命令，必须拿下单子确保回款。要走完招标，还要再追回款，哪儿还来得及！小张有些力不从心。老销售们在小张耳边说了一堆，可能冯部长表现太明显导致领导有看法，项目拖久了夜长梦多，竞争对手做了工作，等等，这让他心里更没底了。

这样的情境几乎天天上演。难得在客户中找到一位感兴趣的人，好不容易发展成支持者，可每到关键时刻总有陌生人进来，而那位支持者却开始退缩，表现得不再那么给力。此前内心隐约的那种担忧，总在关键时候变成现实。

进退两难

这个项目小李跟踪几个月了。

单子不小，客户需求也不是很复杂，公司产品基本上都能满足。这单小李没少费心思，客户的业务经理对业务问题和需求很认同，对方案能实现的目标也比较清楚，表现得很支持。业务经理与业务副总经常沟通，业务副总又向董事长做过两次汇报，董事长也很支持，授权业务副总与相关部门组成评估小组，共同评估推进。

评估小组中有位常务副总，主管人力运营和企管，他把企管经理也列入评估小组。接触几次后，小李感觉这个企管经理有些不好打交道，总是应付推脱，有些像“老油条”。通过其他渠道了解到，业务副总与常务副总略有不和，在公司会议上经常意见相左，企管部更是以规范管理为名经常卡业务部的脖子。小李还听说，业务副总支持的事，常务副总通常都反对。

项目提交评估小组后，就一直卡在那儿。小李找业务经理和业务副总，他们说要常务副总和企管部表态才行。找常务副总和企管部，他们又爱理不理。还听说企管经理要货比三家，有意把竞争对手拉来做比较，还有传言说常务副总希望选竞争对手的产品。一看这阵势，原来明确支持小李的人都默不做声了。就这样，项目僵持在那里。

小李想了不少辙，也请教过高手，都没太好的办法。他很闹心，有时候想放弃，可已投入那么多精力，怎么也还有赢的机会。继续做吧，客户内部关系僵持在那里，项目丝毫动弹不得。小李甚至想做个局毁掉常务副总那边的人，可那就能拿下单吗？就算拿下来，不是还得面对他们？再说那样做也违背自己的底线。

小李的这种情况很常见。客户要么没兴趣、没需求，要么觉得方案没特色，要么受竞争对手影响和误导，要么受内部政治关系影响，项目停在那里无法推进。很多公司销售漏斗里的活跃项目不足30%，大多是停滞状态，三个月、半年甚至更久的项目被称为“僵尸项目”。不是销售不想做，是不知道该怎么做，只是每次评估时才拿出来讲故事。

月月故事会

每月一次的销售分析会，营销副总裁和各位业务负责人亲自参加，销售经理带着团队成员对每个重点项目逐一评估，了解进程，诊断问题，核实预测数据，并安排下月重要任务事项及资源部署。

销售分析会上，是那些销售大佬秀风采的时候了。他们会提前思考会议如何进行，精心设计好哪些话怎么说，哪些项目重点汇报，哪些项目可以蜻蜓点水，哪些项目藏起来不说。

汇报的项目成功了，自然皆大欢喜，除了凸显自己劳苦功高外，还可用来大肆感谢和客套。项目进展不利或丢了，他们会想好该把哪个顾问或专家拉下水，或者明里暗里指责某个部门支持不力，再或者埋怨一通公司的产品或价格。其实，能否成功，他们心里早有感觉。

把一些项目藏起来，主要是给自己上个“保险”，万一某个项目没成，可以用这个替补一下，不至于业绩完不成。要是项目全上报，领导会追问不停，自己就一点儿家底都没了。藏起来的项目，成功了可以放个卫星，出人意料赢个满堂彩；不顺或丢了也没什么责任，小范围内找个理由搪塞过去。

但对生涩些的新人或业绩不太好的销售而言，这是痛苦的时刻。他们能用来炫耀或汇报的项目本来就不多，而且有些项目讲了快一年了，总没什么进展，不好再讲下去。手头的几个项目明摆着完不成年度业绩指标，会上只有硬着头皮挨批的份儿，弄不好会成为领导的出气筒。

有经验的管理者已经适应了这样的会议。他们会根据自己的判断提出一些看似“关键”的或让销售“难受”的问题，试探每个项目的软硬虚实。有些管理者，能在项目评估时当众问几个客户的名字，或回顾起某个人、某个情景，这代表他们深入了一线，支持了项目。

销售管理部的几位则地地道道沦为“表哥表妹”。他们的任务就是不断地下发表格，催着报数，进行复杂的统计汇报，以便在会议之前做好准备，然后在会议上逐一与各机构核对数据，确认计算是否准确，计算错误是他们的失职，至于数据是否真实、能否完成，他们也鞭长莫及。

这不仅是故事会，也是多边相互博弈的过程，很多政治秀或政治斗争暗流涌动。而讲故事的水平和能力，成了一名销售在公司丛林中生存下去的关键技能之一。

放枪的销售

销售去山里打猎。走在路上，他不断观察周围情况，寻找蛛丝马迹，判断猎物出现的可能，无论是野兔、山鸟，还是强壮的狗熊。看到前面草丛中有异动，隐约感觉有猎物，抬手便是一枪。接下来就需要同行小伙伴或猎狗第一时间冲上去，打中了，他们会与猎物做殊死搏斗；没打中，他们搜寻一番，然后继续前行。如果惊醒的是一只强壮的狗熊，那就够小伙伴或猎狗喝一壶的了。

做大客户销售很不容易。公司会推出很多产品线和解决方案，来满足不同行业、不同客户的不同需求。一名销售人员没办法也不可能精通每一个方案，见到不同客户只能简单介绍一两句，做好需求判断和方案匹配，然后安排专业顾问做详细交流。只要客户同意见面，一般都要拉着专业技术顾问出场。

销售发现一个商机不容易。一旦客户同意见面，销售都很小心。他们深知客户就像一块璞玉，第一刀就决定了其价值，所以很重视第一次拜访。相比了解客户背景和相关话术，他们会花更多时间和精力去申请、协调顾问支持。

面对一个新客户，销售可能不知道对方有没有需求，或者知道对方很专业，自己一个人冲进去很可能碰壁，在这些情况下，他们会像攻打城堡一样，先扔一颗手雷进去听听动静，观察里面什么反应，如果形势不利就先撤，换个地方再扔。

就这样，久而久之，很多销售拜访客户时必须拉着一个人，自己轻易不敢独自去。如果谈及专业话题，没顾问在身边心里就更没底了。一些有经验的销售懒得学那些所谓的专业方案，同样要拉着顾问去。更有甚者，销售一进门就把整个场面交给顾问，自己坐在一边看演出，仿佛这件事跟自己没什么关系一样，完事之后还不忘对顾问的表演评论一番。

对于顾问而言，大多数拜访沟通都充满了未知，通常是到了现场才知道面对什么人，项目是什么情况。顾问往往被销售“放了空枪”，或被扔进处处都是反对者的“敌军阵营”，只能现场凭三寸不烂之舌灵活应对。尽管如此，考核指标、部门间的竞争，又让他们不得不去，因为你不来，销售会拉着其他产品部的人来，做出来算人家的业绩。

这些又为销售丢单找到了有力借口——“顾问不专业”“客户问题回答不上来”“客户不认可”“说服不了客户”“和客户现场发生争执”……销售失败的真正原因却闭口不谈。

虽然顾问偶尔会抱怨“销售没搞定人，方案讲得再好也没用”“这本来就不是我们的目标客户”……但毕竟业务还要开展，客户和项目机会还要靠销售给，与销售的关系还要维护，所以只有忍气吞声。

销售管理者则成了判定双方责任的“裁判”或“法官”，他们不得不接受丢单的现实，却没办法把板子打在谁身上，只有抹抹稀泥了事。

内部“销售”

在很多组织中，销售用在内部的精力往往远多于客户。

除了填写销售日志、撰写项目报告、按时提交预测表、准备经理评估会议外，销售更为头疼的是协调资源、走内部审批流程。他们除了对外做销售，更要对内“做销售”。

资源总是有限的。掌握资源的人认为哪些事重要紧急，资源就投向哪里，而他们往往从销售嘴里获得信息，而非客户嘴里，甚至有时获得的信息并非事实本身。能掌握资源的人，总会有些权势，一些人希望事情朝着自己期望的方向发展，希望落实自己的策略，或抬高兄弟，或排除异己，甚至不惜将资源分配作为政治手段，因此，为了获得最优资源，汇报者从利己角度出发难免会夸大或扭曲事实，还会额外花精力与掌握资源的人搞好关系。于是，各种各样的故事就上演了。

“老大，他们老总最关心价格，如果价格合适，马上就可以签单。”“领导，这次务必安排一个最优秀的顾问去讲方案，这次讲好了，直接谈价格。”“这个客户在业内影响很大，他买什么人家都跟着买，虽然价格低些，但签了这个客户，后面还有好几家呢!”为了获得折扣、顾问、费用等资源，销售会有意识夸大自身优势和对公司的价值，夸大项目的重要性，每当这时销售的自信和胜券在握表现得淋漓尽致。

很多公司并未建立客户管理标准，面对一些重要客户的取舍决策，关键资源投向哪里就显得更“人为”和“随意”。一旦决策没有可衡量的标准，而是人为主观判断，这等于在诱导下属按领导者的个人意愿和个人喜好汇报。结果是，销售拍胸脯保证，经理拍脑门决策，大家共同绘制一幅美好蓝图，等出了事，再轮到经理拍大腿后悔，销售拍屁股走人。当关键资源成了政治博弈的棋子，和谁关系好，或有政治需要就多投放一些；和谁关系不好，想孤立或排挤谁，就少给或不给。长此下去形成亚组织文化，企业将无法留住专业人才，更有甚者将陷入万劫不复的境地。

当公司选择客户、部署重要资源时严重偏离商业经营本质，偏离商业机会带给组织的经营价值，不是依据特定标准衡量而是依靠决策者的主观感性判断，源于个人动机的感性判断夹杂着局限性和片面性、政绩和政治诉求、人际关系诉求，这样的状况将给组织带来长期的负面影响。

打工的总监

销售不好做，销售总监也不好做。

老王最近烦心事不少。作为销售总监，他的部门扛了几百万业绩指标，虽然手下有七八个兄弟，但能顶上事的也就两三个，这两三个扛了一半指标。另外的两三个兄弟在公司年头不短了，但业绩总是不温不火，没什么大贡献，也饿不死。还有两三个兄弟刚来时间不长，仍处在培养观察期，无论大小能成单就是惊喜，也不敢给他们什么重要客户。这样一来，业绩压力基本上都压在老王自己身上。

兄弟们有几个项目老王掰着手指头都能数过来。若不是老王亲自指点，兄弟们甚至都不知道怎么找新项目。现实的情况是，一个项目共同分析策划后，安排好手下兄弟去见谁、说什么、怎么做、注意什么，他们能按要求执行好就不错了。

但凡遇到拜访关键人、关键沟通或方案展示，甚至重要项目的初次拜访，兄弟们会说："老大，这次这么关键，要不你上吧!"其实老王也不放心，便说："还是我上吧，学着点儿，下次你一定要自己上!"拜访结束后，兄弟们很佩服老王的表现："还是老大厉害，幸亏是你出面，要我肯定不行!"不仅如此，一些重要项目关键人沟通都是老王上，每次沟通后的进展和关键信息都要再向销售"汇报"。

就这样，老王基本上是部门里最大的销售，关键项目都得自己上。他也想培养人，也会丢几个小项目让兄弟们去操作，可明摆着的机会一给了兄弟们就没了动静，再追问，兄弟们会说"客户一直太忙""他们已经有供应商了""客户不感兴趣""客户嫌我们太贵"一堆理由。他要是自己去，肯定能做下来。

和很多公司一样，老王这个总监被当成销售经理用，经理当销售用，销售当跟班用，整体"下沉一级"。业绩指标也分到了人头上，各位销售能签单回款则拿提成，成不了也不能怎么着，大不了被辞退另谋新职，到时候着急的是经理。老销售会算计做多少业绩拿多少奖金，一点额外的工作都不愿意做。业绩缺口的压力最终都回到老王身上。

即便这样，一旦哪个项目丢了，销售除了说公司产品不行、价格高外，或多或少也会抱怨领导没做好支持工作，搞不定关键人，反正没他自己什么责任。项目要是赢了，提成却是销售拿。老王私下感慨："业绩压力是我扛的，心是我费的，单子丢了责任是我的，单子成了奖金却是销售拿，到底谁给谁打工啊!”

手下的兄弟们却不这么看:“这么重要的项目可不得他上呀，他做了多少年，我做了多少年啊!”说起提成，销售们会说:“他工资多少，我工资才多少啊！他还管着费用呢!”要问怎么不努力学习，他们会说:“老大多厉害，那套东西我学不会，我们性格不一样。”言外之意“老大见人说人话见鬼说鬼话，自己真诚实在不会忽悠”!

老王想得挺好，本来想当个业务经理和总监扛指标、带团队，也锻炼一下自己的业务管理和领导能力，为自己未来的职业发展铺平道路，却发现现实充满了纠结，业绩不能不抓，可抓业务就没精力带人。大客户和重要项目自己都跑不过来，哪儿还有时间带他们？可越是不带，自己越忙。老王觉得这是条“不归路”，业绩完成不好、带不出人就没有升迁的机会，要培养人就得拿丢单风险和业绩当赌注。业绩好，指标翻番接着干，直到干不动；业绩不好，很可能被直接拿下。这哪儿是当总监，明明“被”当“总监”，还总“被”领导和手下兄弟“监”。

心脏病患者

做销售管理，最难熬的就是季末和年末。

公司按年度做计划预算，按期出季报、年报。特别是年报，关系着是否达到了董事会或股东的要求，关系着股价和市场反应。同时，年度业务结果不仅决定了大家辛苦一年的考核和奖金，还决定了组织结构优化或调整方向，明年地盘怎么分，能瓜分到多少资源，甚至还决定了有没有做下去的位置。

老刘就是这样一家公司的营销副总，管着几条业务线。老刘做业务和管理多年，深知业务管理有很多随意和不规范的地方，下面汇报的水分很大，各种计划预测变数也很多，所以他年初就特别关注做好项目信息收集、进程管理和业绩预测，每月都要和各业务部门逐一开会，分析业绩目标和差距，对重点项目做出重点部署和支持。

即便如此，进入 11 月底、12 月，老刘的心脏就开始承受巨大压力。大家脑袋绑上红布条集体宣誓、立军令状、高喊口号的冲刺仪式必须要做，人力行政也擂鼓助威，冲刺喜报、人文关怀等，做出各种努力，但关键项目依然悬在那里，不管你冲刺不冲刺。

该下的单差不多都下了。招标、签单、回款，该做的都做了，业绩还差一大截。看看业务部门，项目漏斗倒是不少，真正能落实在今年的，翻来覆去还是那几个。

经过反复确认，星星点点尾款、签了单等到账的、确保签约不出事的、努力后可能签的、全力冲刺还有戏的、拼死一搏怎么也能抠出点儿的……把回款责任落实到每个部门、每个人、每个项目、每笔回款、每个步骤，然后坐等进展或变化。

老刘知道大家尽力去做了，坐在办公室不敢多问。即使有些进展，没最终敲定谁也不主动汇报。老刘发短信、发微信给兄弟们鼓劲，自己的心却一直悬着。一有签单回款，不用老刘说，市场部会第一时间做成喜报群发邮件、短信、微信鼓舞士气，一时间到处洋溢着肯定、感谢、鼓励的正能量，但又很快消逝，就像寒冬里闪过的一抹阳光。

除了等每个项目传来“行”或“不行”的消息，老刘也会主动追问，得到最多的消息就是“客户年底控制费用，项目签单要明年了”“原来说好 80 万，客户同意先付 30 万”“手上的项目彻底没戏了，但又冒出个新的小项目可以弥补一下”……他也知道兄弟们不容易，催问多了还怕心理压力过大导致动作变形，甚至心理崩溃，于是反倒不追问了。

那段日子，老刘的心吊到了嗓子眼儿，每有好或不好的消息传来，心情都会跟着大起大落。晚上觉都睡不好，就像做了全面体检的患者，唯恐有意外消息传来。他就差在办公室里烧香祈祷了。

最终，冲刺目标达成了，老刘长出一口气，“太惊险了!”“太刺激了!”“兄弟们太伟大了!”然后大开庆功会，还会说一句“下次可不能这样了”。若目标没达成，老刘和兄弟们也只能灰溜溜面对现实，领导的批评得听着，组织调整得面对，日子还得过，下一年业务还得规划。有时候他会用“好一年差一年”的“大小年”安慰自己，尽管他知道来年心脏病还要复发。

老刘不容易。

老板不满意

小张力不从心，小李进退两难，总监老王整天打工，老刘患了心脏病……

但是，老板还是不满意。

经过第一轮创业，凭借当年的闯劲儿和一帮元老的拼杀，公司打下了一片天地。一路走来运气不错，公司进入了高速发展期。老板也知道，当年的红利没了，那种时机没了，运气也很难再碰到了。不仅如此，元老们居功自傲激情退去，新人难以融入公司，别说跨跃发展，想保住江山都很难。

随着品牌效应显现，潜在客户越来越多，市场就在眼前，出现了很多新机会，只要部署正确、团队得力，熟桃子就挂在树上，只等着去摘而已。但是，当下制约公司发展的不是没市场、没机会、没客户，而是能力不足——规划能力、销售能力，乃至产品研发、客户服务、系统运营的能力。

机会大于能力，有机会抓不住，能力明显滞后于公司的发展。

销售团队百十来人，业绩指标压力已经不小，再翻倍地涨他们也不同意，嚷着待遇要同比增长。想增加销售人员，可人很难招。大海捞针一样去碰，面试十几分钟就要做出判断。看上的要价高，想来的又看不上，来了的干不长，到头来还是那些老人顶着。想帮助现在销售团队提升专业能力，销售人员却觉得他们之前的做法也能成功，觉得自己最懂公司业务，所以喜欢沿用自己以前的套路，不愿意遵循专业的规范，认为什么都不如自己的经验好用。

大客户销售需要的是团队作战，要求提供专业方案，要求长期跟踪和维护。老销售经验足、关系硬，不怎么用售前，自己单枪匹马照样搞定，只不过偶尔找售前或领导走个场。新销售则能力不足，凡事都拉着售前。售前也不好找，把产品或开发部门的人调到售前，公司发现他们只懂产品技术，对客户业务很陌生；只知道自己的专业术语，却不知道怎样用客户的语言交流；只知道产品功能，却不知道客户使用场景和价值。

公司组织结构到底是按行业划分还是按职能划分，争论时间不短，流程也制定过一些，但基本上都停留在文字上。一旦开始实施，牵扯关系太多，大家七嘴八舌僵持着协调不动，横竖不满意。才几个亿的小企业，搞得跟几百亿的盘子似的，手脚施展不开。公司还想跨跃发展，还准备上市，这就需要相对清晰的流程及明确的计划和预测，要靠组织能力而非个人能力经营，一想这事老板就头痛。

多变的时代

这是个全新的时代。

在 VUCA 时代里，环境充满了不稳定（Volatile）、不确定（Uncertain）、复杂（Complex）、模糊（Ambiguous）。我们每天面对的是各种挑战和未知，需要解决各种复杂问题，无法按部就班地完成每一项工作，无法朝九晚五地过每一天，无法日出而作、日落而息。

销售亦如此。

移动、电商、O2O这些词让企业级销售无所适从，大数据、人工智能、区块链等新技术充满迷惑。好像这世界不做移动应用、不做微营销、不玩社群就没了出路，是这样吗？

一家集团公司的总经理感叹：“在复杂多变的时代，企业战略不再是三五年不变，而是可能会随时调整！”这个时代，企业身处充满竞争和不确定性的生态中，需要变得更加敏感，随时应对变化。

企业购买模式以及相应的B2B销售模式，也发生了巨大变化。

企业不再一次买断产品或服务，不再一下签个超级大单。它们的需求更聚焦，目标更清晰，方案更有针对性，效果更容易量化，所以现在企业购买更多呈现出碎片化购买、按使用效果付费的特征，这样对于企业来说，采购成本不高，替换成本低。

企业在采购时面对泛滥的信息和铺天盖地的宣传，该听谁信谁、如何决策？购买动机是源于外界刺激还是内部压力？企业是如何获取信息的？它们需要什么样的解决方案？

客户可以通过网页搜索、社交网络、朋友圈了解很多信息。企业采购行为也是从线上开始。与销售见面之前，客户已经拥有了足够信息，有了自己的认知，有了深入思考。与销售见面的目的，或征询、或验证、或解惑、或听取建议，客户不再是“一无所知的小白”。客户拥有信息所有权，销售已经无法靠喋喋不休、死缠烂打成交。

如果你还是一位勤奋跑街的销售，不断推门陌生拜访客户，不断介绍你的公司，推销你的产品，简单回答几个问题就想快速签单，那么也许你只能靠出卖体力卖出最低价的产品，随时有可能被对手替换，或被送货小哥取代。

那些只会背台词、介绍产品、软磨硬泡的销售，那些只会按部就班三板斧的销售，那些只会搞关系不能给客户专业建议的销售，已经不是客户真正想见的人。

客户真正想见到的是对他有帮助、有价值的人。

客户需要帮助，而非恭维。

客户需要体验，而非低价。

因为能轻易获得各类信息，客户对常规拜访、传播、会议宣讲等已经疲劳，销售必须集中核心资源，通过强有力的“关键动作”对客户认知形成聚焦，产生直接、深刻的影响。

面对商机，识别状态变化，根据客户的处境、形势、状态和期望需求做事情，可能远比有一整套的销售流程、分步骤的方法论更重要。项目可能会在任何阶段进入你的漏斗，也可能从任何阶段跳出去。你必须时刻关注最新的变化，细致分析每次的形势，精心设计每次的策略和行动。

精准的形势判断，重新审视处境与状态：需求还是那些需求吗？方案还是那个方案吗？你的支持者还支持你吗？不能结构化、逻辑化地识别变化以及收集和管理信息，恰似盲人摸象，必不知所从。

要想销售成功，需要构建有效沟通，需要提前思考客户在想什么、关注什么、会告知什么、想要了解什么、想听哪方面建议，并最终要靠高质量的面对面沟通来实现。沟通技巧将成为很多企业级销售人员的关键能力，也会成为阵亡销售与超级销售的分水岭。

按步骤销售，已经成了单边游戏。

更关注客户，顺势而为，方能双赢。

这就是这个时代。

小结

销售做单难，经理管理难，进程跟踪难，资源协调难，业绩预测难，战略实现难，这些情况在大多数企业中几乎都会存在，无论是快速发展中的公司还是成熟的集团大企业。互联网冲击下，简单的产品交易型销售已被颠覆，而大客户又是 B2B 业务的核心资源和关键资产，必须将之经营好。

大客户销售既是面对面的工作，也是背对背的工作。说面对面，是因为它离不开销售与客户之间的沟通与信任，离不开在公司内部与战略和业务部门进行需求界定、方案研讨、资源整合。说背对背，是因为公司与客户的关系由现场销售人员的表现决定，真实情况公司无从知晓，只能靠销售口头描述、逐层汇报才能获取，层层管理流程更加深了这个鸿沟。真实信息被有意或无意过滤扭曲是不争的事实，由此带来业务结果的不确定性，也导致销售资源分配的经验主义和盲目性，大大阻碍着组织效率和销售绩效的提升。

标准化销售流程可以给销售提供指导和参考，但大客户销售的特性决定了其与生产线加工和手工作业的标准操作不同，按流程执行无法确保得到预期的效果。大客户销售是一个充满变化、需要智慧而不仅仅是经验或勤奋的复杂任务，每次销售都面临新挑战，都有新变化。经验不能确保成功，按“标准流程”和“制式对话”推进销售已经无法适应快速变化的市场和客户。销售团队必须随需应变，深刻洞察变化和客户信息，对影响决策的因素进行结构化分析，随时调整战略策略，制定最佳行动计划，而非按部就班地推进销售流程。

通过赢单罗盘，我们希望与大家共同探讨大客户销售的基本概念，从客户背景到项目形势，从采购流程到客户角色，从形势分析到策略制定，从销售预测到资源管理，解码大客户销售和长期经营的规律，抽取有理论支撑和实践验证的分析和管理逻辑，帮助销售人员在充满变化与挑战的环境中赢得成功。

变化常在，智慧永恒。

幸福销售，路上有你。

第 1 章

客户背景

1. 客户与项目

在销售过程中，你会区分“客户”和“项目”吗？销售人员常说“搞定一个客户”“拿下这一单”，这两者有什么不同？“搞定一单”“客户长期合作关系”“客户经营计划”三者是什么关系呢？

很多朋友会这样说：

“精力有限，拿下这单就不错了，哪有精力想如何长期经营！”

“公司向销售要业绩，销售只能向客户要单子！”

“单子才是最重要的，生存问题解决了再讲客户关系！”

“胜者王侯败者寇，拿业绩说话，谁还管那些！”

“三个月不出单走人，六个月没单子滚蛋，这就是现实！”

…………

道理上，大家都知道孰重孰轻，在业绩压力面前却很无奈。当销售不得不盯“单子”而非“客户”时，危险也就开始慢慢降临到这家公司。

区分“客户”和“项目”，体现了企业文化和商业哲学。

随着经济行为日益规范，企业运营管理日益成熟，十几年前那种遍地机会、大片市场空白的场景很难再现，那时只要握有独特产品便能到处"捡单子"，做"一锤子买卖"就能吃饱，可谓是销售的黄金时代。客户选伙伴、做决策越来越理性稳健，这迫使很多企业不得不从到处打单的"猎手"转变成深度合作的"经营者"，把目光从"客户"转移到"用户"身上。

特别是近年来互联网飞速发展，客户开始按需购买、按使用付费。销售带给客户的体验，可能加深双方的合作关系，也可能让销售失去这个客户。以往"签一单就赢""捞一把就跑"的做法已无法支撑公司持续高增长。依然固守"一锤子买卖"的思维，结局一定是被后来者超越或颠覆。

在销售实践中，经常见到两种现象。

一是赢单至上文化。签单回款至上，眼里只有单，以一单的输赢论成败，以一单的金额大小和赢率判断客户价值；对目标市场和目标客户缺乏统一规划，不知道哪些是战略客户，哪些是常规客户，所有单子一把抓；对战略客户没有判断标准，凭主观感觉，或者靠讲故事，缺乏对重点客户的经营，这极容易导致高价值客户流失。

二是超级大单文化。单子金额越大，自己名声越响，领导越高兴。对客户需求和方案界定不清，对客户提出的所有需求大包大揽，不管自己的产品功能是否符合客户要求，也不管资源能力够不够，将所有内容一股脑儿塞进一纸合同（甚至将公司所有产品目录签入一张合同）并打一个大大的折扣，美其名曰"全面应用""战略合作"。带来的结果是，客户期望超高，项目目标不清，价格与价值不对等，资源无尽地投入，签单容易回款难，最终产品几乎都用不起来。

大客户销售不能有“赢单至上”和“超级大单”的文化，要有效区分“客户”和“项目”，从战略角度构建双方发展关系，同时明确具体项目的需求与边界。大客户销售本质上是长期经营与具体项目、长期关系与短期业绩的平衡。

客户经营以“客户战略”为基础，基于客户战略并协同制定业务计划，从而持续衍生多个项目，关注客户长期经营潜力和价值。

销售以“单子”也就是“项目”为目标，关注机会质量与决策流程，这是客户经营策略的落地执行，是发展客户关系的重要手段，也是明确单一销售目标的关键。客户决策影响角色和决策流程是由“单一销售项目”决定的，销售形势分析与此密切相关。

即使相同的项目，在不同阶段、不同环境中，其销售形势处境与应对策略也不尽相同。一个客户没价值，不代表这一单不去做；一个单子没必要争取，不代表就放弃这一家客户。丢单不丢客户，放弃一单是为了更好地赢得客户，这种情况时有发生。

从客户经营策略着眼，通过具体项目巩固合作关系，通过单一销售目标和合作项目实现当期收入，区分客户与项目，才能使公司资源得到最有效的利用，才不会“大炮打蚊子”“捡了芝麻丢了西瓜”，才不会“囫囵吞枣卡住了嗓子”。

判断为什么做，比考虑怎么做难；选择不做什么，比选择做什么难。

演练

请列举1～2家你正在跟进的大客户名称，并针对每家客户列举1～2个正在跟进的项目名称。

客户1：______________________________

项目 1.1：____________________ 项目 1.2：____________________

客户 2：____

项目 2.1：____________________ 项目 2.2：____________________

2. 机会类型

缺少商机是很多销售面临的挑战，特别是新销售，不熟悉产品，不了解市场，又缺乏经验，加上公司没给他们足够的客户和商机资源，他们只能去老小边穷的公司找项目，大部分新人还没等施展才华就活不下去了。

老销售都是一条血路拼杀出来的，多年业务经验加上老客户关系，他们不缺商机，缺的是时间和精力，做久了也会缺乏激情和动力。小单让他们有些厌倦，不解渴，签了没快感，于是老销售迷上赌大单，小单要看心情。尽管如此，老销售也不愿把机会让给新人。

就这样，有时间的缺机会，有机会的缺时间。

公司拿老销售也没办法，业绩不温不火，每年没什么大突破，也饿不死。在领导看来，他们手上的优质客户产出应该远不止这么一点。动他们吧，损失一块眼前收入，关系又在他们手上，怕没人能及时顶上。

怎么办?

在销售收入构成中，传统优势市场和老客户可能会重复购买，带来持续产出。对于这一部分客户，除了日常维护销售几乎不用做什么额外工作。

对于有些老客户，企业还想要卖新产品给他们，这些产品客户之前没有使用过，客户评估决策会比较谨慎，在销售流程中有时候需要专业售前团队支持。

另外，企业还想要进入全新的市场，需要面对全新的客户，这些新客户可能处于空白市场，也可能要从竞争对手地盘中去抢。

由此可见，企业在不同发展阶段时，其产品生命周期处于不同阶段，销售机会来源不同，需要的销售能力也不相同。

那么，针对不同机会，在业务规划、资源分布、业绩指标分配、业绩考核和个人激励方面，企业应区别对待，还是一视同仁?

机会类型对赢率、收入预测、销售策略有什么影响呢?

我们从新老客户、购买历史两个维度来区分机会类型，如图 1-1 所示。

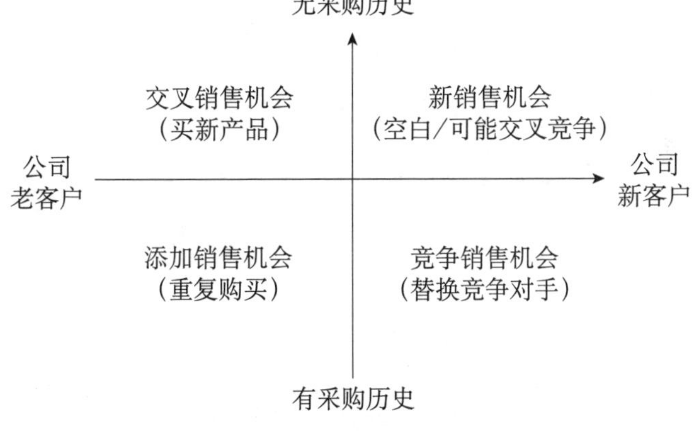

图 1-1 销售机会类型矩阵

新销售机会

公司与这家客户没有合作历史，需要销售从头开始联系接触，与相关人员建立信任，通过不断深入沟通推进销售的达成。公司进入新市场，如果是树立标杆灯塔客户，会投入重要资源，以公司品牌和团队能力共同推进销售成功。而更多的新客户则是由销售人员常规拓展，销售线索可能通过公司品牌传播和市场活动获得；也可能由销售个人通过各种渠道获得，一般依靠个人能力或借助有限支持，难度相对较大。

添加销售机会

客户曾经或正在使用公司相关产品，可能因为持续应用需要复购或续费，或者客户组织或业务变化导致需要增购、重购或续费，这些都属于重复持续购买。相对之前的应用情况没有额外需求，通常按之前采购流程即可，不需要重新定义和评估。这种机会的成交率相对较高，但要关注参与决策的人是否有变化，需求是否真的没有变化。

交叉销售机会

老客户交叉机会是指向老客户卖新产品。虽然有合作历史和基础，但新产品超出了原有使用人员和应用范围，之前的采购者无法直接决策，需要引入新的人员，按新的采购评估和决策流程重新进行。按道理，人熟地熟，应该比新客户机会赢率大。但原先使用者满意度如何，原有支持者在这次采购中发挥什么作用，新进入人员什么意见，大家彼此又是什么关系，都不得而知。同时，客户的“使用体验”一定程度上影响着这个销售机会的赢率。有时候，糟糕的体验迫使客户不得不下决心另寻新欢，圈里流行一句话：“是我们的老客户，但这是我们的优势吗？”

竞争销售机会

客户正在使用竞争对手的同类产品，你想去抢。可能客户与竞争对手关系良好，也可能矛盾重重，所以可能是机会，也可能没机会。这需要进一步了解客户体验，挖掘客户尚未满足的需求或不满意之处。这类销售机会充斥着血腥，足以让销售亢奋。理性来讲，相对前几种机会类型，这类机会赢率可能略低一些。别忘了，你的“老客户交叉机会”也是对手的“竞争对手客户机会”。

其他销售机会

只知道有个销售机会摆在眼前，但还不清楚这个机会的背景与类型，需要进一步了解。从销售策略来讲，这种情况信息严重缺失，不好说赢率如何。

同样的产品和服务，机会类型不同，赢率也不相同，因此部署资源优先级也应有所区别。

同时，实现同样的收入和业绩指标，不同机会类型付出的努力不同，投入资源不同，考核也应该有所不同。

销售机会管理，体现了公司的业务规划和管理水平，体现了客户管理的策略，也体现了公司的总体经营策略。

机会类型分析的结果，还能帮助公司制定有效策略。比如，如果一家公司的大部分销售机会源于老客户添加或交叉购买，就要分析是目标市场和客户数量有限，需要持续深度经营、研发更多新产品，还是尚有更大市场空间而拓展力度不足？如果一家公司的大部分销售机会是新客户或竞争对手客户，就要分析是因为公司刚进入一个新领域，缺少了对老客户的深度经营，还是产品定位或业务定位出了问题？

是销售问题，也是经营问题。

经营策略，藏在数据中。

演练

1. 请将之前所列举的四个项目机会按照类型填入销售机会类型矩阵的不同象限中，并讲述机会类型对项目质量和赢率的影响。

项目 1.1：________________

赢率：○高　○中　○低　　原因：

项目 1.2：________________

赢率：○高　○中　○低　　原因：

项目 2.1：________________

赢率：○高　○中　○低　　原因：

项目 2.2：________________

赢率：○高　○中　○低　　原因：

2. 假设同一个销售机会背景和因素完全一样，如果对这五类机会类型分别给出赢率，你认为是多少？

新销售机会____%　添加销售机会____%　交叉销售机会____%

竞争销售机会____%　其他____%

3. 作为一名销售，你手头正有如下三个销售机会，假设其他销售要素相同。

机会 1：老客户重复购买，赢率 90%，30 万元，预测 27 万元收入。

机会 2：老客户交叉购买，赢率 60%，50 万元，预测 30 万元收入。

机会 3：竞争对手客户购买，赢率 40%，90 万元，预测 36 万元收入。

如果你的任务指标是 50 万元，你关注这些机会的优先级是：

____

如果你的任务指标是 80 万元，你关注这些机会的优先级是：

____

如果你的任务指标是 100 万元，你关注这些机会的优先级是：

____

3. 市场阶段

做企业培训销售的小赵遇到下述的情况。

经朋友介绍小赵联系到某医药集团下属的两家成员企业，其中一家兴趣十足，问有什么好课，详细看了资料，电话及见面交流几次，就确定了要购买几场新任经理领导力和销售类训练项目。而另一家却没什么兴趣，也没有多聊，之后再联系也只是敷衍，不了了之。

同属一个集团的两家下属企业对于购买课程的反应却截然相反，什么原因呢？事后，小赵从朋友那里得知，第一家企业正全力进入个人健康服务领域，是集团重点发展和扶持的朝阳业务，资源支持力度很大，团队快速扩张，人员能力急待提升。而第二家企业是做传统医疗设备经销业务的，前些年很火，近几年随着市场环境的变化，盈利和生存都有压力。

从这个案例可以发现，业务处于不同发展阶段的企业，变革决心、资源配置会很不相同，购买的决策流程和效率甚至预算充裕度也不一样。

比如，公司某业务刚刚组建，希望大举进攻一个未来主流市场，这种情况下预算会相对充足，允许各种尝试，甚至购买决策都会有些不理性。而对于已是成熟市场的业务，产品方案相对成熟，客户群体相对饱和，那么在投入方面会保守得多，花钱比较“细心”，对投资回报要求很高。

不可否认，业务所处的市场阶段一定程度上影响着客户的决策。

很多集团公司是多元（或多行业）经营，有很多业务板块、业务领域、业务单元。从持续产出、决策风格以及销售效率的角度，我们有必要考虑销售对象所经营业务的发展阶段。我们通过客户业务“市场阶段”来加以区分。

参考埃弗里特·罗杰斯（Everett Rogers）的技术接纳生命周期曲线以及杰弗里·摩尔（Geoffrey Moore）的鸿沟理论，我们将销售面对的客户业务发展周期，分为四个阶段，如图 1－2 所示。

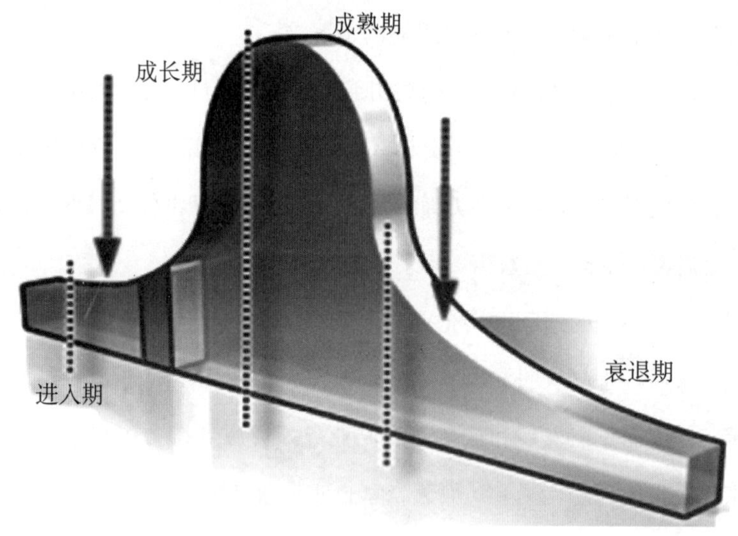

图 1－2　业务的生命周期阶段

进入期

当客户准备进入某个新的业务领域或市场，或以新技术实施新战略时，往往会强化意识并加大投入。这个阶段现金流通常是负的，投入预算可观、政策支持给力，而收入结构未必合理，他们更看重未来主流市场份额和收入。

企业在进入期需要突破和创新的力量，鼓励探索和尝试，甚至允许某种程度的失败，所以客户在采购过程中往往更具探索性、尝试性、创新性，更关注周期和效率，更期待形成成果、达成目标，反而对“经济投资回报”不是那么看重。

成长期

企业在进入期的探索取得成功，便进入成长期，这个阶段的客户更期望快速复制成功，期望收入的高速增长，他们开始规模化建构能力、制定流程规范及相关政策和管理制度，希望通过标准化、规模化满足更广大客户的需求。

企业在成长期的瓶颈在于有限能力与满足更广泛客户需求之间的矛盾。有看得见的市场和收入机会，而能力明显不足，客户更愿意投资在一些“显而易见”的采购项目上，通过建构能力实现业务倍增。客户在采购过程中更关注“一分投资带来几分回报”。

成熟期

处于成熟期的业务是公司的现金流业务，也是利润主要来源。某项新技术或新业务进入成熟期的标志是越来越多厂商进入，每家厂商都将其作为主营业务推广。在这个阶段，该项业务的市场份额、收入结构、盈利能力已经基本清晰，要做的是扩大规模，最大限度地提高工作效率和利润率，保持更长的盈利周期。与此同时，具有前瞻性的企业会在这个阶段未雨绸缪，启动新的“进入期”业务。

相对“进入期”和“成长期”而言，“成熟期”的业务运行更加稳定，经过长期发展，业务组织结构变得复杂，部门分工细化，决策流程也变得更长。对销售人员来说，业务处于成熟期的客户在采购时，决策人和影响人更多，决策结构更加复杂，决策过程更繁琐，决策周期更长。甚至，在销售中“平衡”和“政治”变得更重要。

衰退期

业务进入衰退期，业绩开始变得不稳定，大家更关注能否生存下去，什么时候会倒掉。公司此时或许已将这块业务的客户群体向“进入期”业务迁移（或升级）。当然，公司对衰退期业务也难有太多投入。

如果能提前知晓，相信没几个销售愿意去做“衰退期”业务的项目，这等于去干涸的湖里钓鱼。有经验的销售会关注客户对该业务的战略，或许通过自身关键能力或资源整合，将“衰退期”业务拉入“进入期”，通过技术变革或创新实现多赢，而这又取决于业务本身特征及客户战略，有时也是技术更替或历史潮流，销售凭一己之力很难改变。

客户业务所处“市场阶段”的划分，使我们可以跳出业务需求和个人动机等细节，从“业务生命周期”的高度和视角，了解客户背景和可能的决策风格，同时站在长期经营价值角度思考，发现未来将会带来丰厚收入的领域和机会，规避低收入领域的风险，更好地把握客户决策环境与心理，为在有限时间资源下做出优先选择提供了依据，为销售团队的资源管理和预期收入提供了重要参考。

当今社会技术升级极快，业务周期越来越短，企业需要不断创新才能跟上市场的变化。作为销售人员，我们如果能体会客户在牛背上的这种感觉，就能与客户有更多共同话题，更好地帮助客户成功。

逆水行舟，事倍功半。

顺势而为，事半功倍。

演练

请选择之前所列举的四个项目所处的市场阶段，并讲述原因及对项目赢率的影响。

项目 1.1：________________

市场阶段：□进入　□成长　□成熟　□衰退　□未知

原因及对赢率的影响：________________

项目 1.2：________________

市场阶段：□进入　□成长　□成熟　□衰退　□未知

原因及对赢率的影响：________________

项目 2.1：________________

市场阶段：□进入　□成长　□成熟　□衰退　□未知

原因及对赢率的影响：________________

项目 2.2：________________

市场阶段：□进入　□成长　□成熟　□衰退　□未知

原因及对赢率的影响：________________

4. 市场地位

处于不同市场地位的行业老大和小公司，采购时谁更谨慎？谁对价格更敏感？谁会更强势？销售难度一样吗？向谁销售更容易成功？

“市场地位高的客户，供应商抢着上，竞争激烈。”

“市场地位高的客户，所面临的更多是行业新问题、新需求，客户对产品也更担心、更挑剔，对产品期望值也高。”

“市场地位高的客户，人多事多，客户关系复杂。”

“市场地位越高，销售难度越大，成功率越低。”

众说纷纭。

客户市场地位高或许是好事，因为市场地位高的客户有钱、有优越感、有前瞻性需求，决策可能没有太多额外压力，销售更容易成功。客户市场地位高又或许不是好事，因为客户见多识广，意识比较前沿，需求“高大上”，搞定他们本来就不容易，再加上名声大招来的狼多，竞争很激烈。由此可见，客户市场地位与销售难度没有线性相关关系。此外，销售难度还与供应商所处的市场地位、品牌影响力、服务能力等有密切关系。

客户市场地位对赢率的影响或正向或负向。然而，客户市场地位对评价一个项目的机会质量和优先级确实有重要意义。在赢单罗盘里，我们将客户业务在市场竞争中的地位分成四种。

主导（领导者）

市场中的领导者通常是行业龙头或细分行业冠军，产值规模一般相对较大，品牌知名度较高，实力雄厚，经营稳健，在行业内起着引领和带动作用。这类企业或业务板块我们通常都希望有效切入、形成样板标杆效应，从而拉动一批战略跟随者及业内二三流目标客户。这类客户见多识广，应用前沿，或许更青睐具备高品牌知名度、专业能力强、实力雄厚的厂商。

有利（领先者）

有比较好的市场地位，品牌也较为知名，从经营来看稳健中透着灵活，产品服务被客户所接受，因而利润比较稳定，发展势头强劲。这类企业通常是较高价值的目标客户，因为从经营发展所衍生的需求、经营效果能支撑的预算、购买者优质优价的务实策略来看，这些都会让销售的难度相对较低。

可行（跟随者）

这类企业经历了一定的发展过程，积累了一定的品牌知名度和市场经验，但仍不够稳定。其产品线不够丰富，经营收入和现金流还需要不断扩大，盈利水平也有较大提升空间。这类企业希望寻求爆发性突破成长的机会，在采购过程中相对来讲更理性和务实，甚至关注价格可能多过性能本身。

薄弱（落后者）

这类客户业务规模较小，业务运营和开展缺乏必要的经验，产品和服务内容相对单一，现金流和利润水平也都不高，没什么市场品牌积累。这类客户一定程度上也会是销售的目标客户之一，但未必是最优质的目标客户。由于这类客户缺乏明确的前景和持续发展的后劲，销售投入的时间和精力有可能付之东流。

我们判断客户业务的市场竞争地位，核心是抓住该业务的特有属性，有针对性地找到商业机会（发展需求）的切入点，分析销售机会的质量和销售难度，有效规避客户资金短缺风险，提高销售资源的整体利用率。

将客户市场地位与其所处的不同市场阶段结合起来关注（见图 1－3），更能说明客户业务的潜力，可用来评价客户的经营状态和潜力、可用资金及预算情况，从而判断客户的预算支持和采购心理，还能用来分析长期潜在的持续产出机会。

市场阶段 / 市场地位	进入期	成长期	成熟期	衰退期
主导		业务C	业务D	
有利	业务B			业务H
可行	业务A	业务E	业务G	
薄弱		业务F		

图 1－3　利用客户市场地位和市场阶段分析销售机会

有些业务可能相对比较薄弱，但它处于进入期或成长期，眼前暂时薄弱不代表没有后续发展潜力。有些业务可能处于有利地位，但从生命周期来讲已经进入成熟期太久了，说不定公司不准备再投入太多资源。我们很难从单一角度去评价一个销售机会。

但是，没有单一，就没有组合。

大客户销售与常规销售的一个不同之处，就是大客户销售要着眼于全局，着眼于长远，不为一朝一夕，而是为了持续经营和春华秋实。

与王者为伍。与胜者同行。

演练

请将之前所列举的四个项目填入市场阶段和市场地位矩阵相应的位置中，并讲述原因及对项目赢率的影响。

项目 1.1：______

原因及影响：______

项目 1.2：______

原因及影响：______

项目 2.1：______

原因及影响：______

项目 2.2：______

原因及影响：______

市场阶段 市场地位	进入期	成长期	成熟期	衰退期
主导				
有利				
可行				
薄弱				

5. 理想模型

每位销售内心深处都希望带给客户价值。每位销售都渴望用业绩证明自己并获得回报。

每位销售都承受着巨大压力，机会难找、竞争激烈、精力和资源有限，加上业绩压顶，这些压力导致动作变形、失去理性或违背常理。

有位同事发现一个销售机会，客户是一家国有企业，这位同事以前就和客户公司的老总、副总认识，关系还可以。同事去客户公司做了几次讲座、交流和调研，汇报了方案，老总也都召集了相关人员参加。实施方案和价格报上去之后，一直没进展。同事去找老总，老总说要看下面人员的态度。去找联系人，联系人说老总没明确表态，他也不知道怎么办。可这些都没影响这位同事与几位老总频繁来往、吃饭、聊天，但总感觉有些敷衍，不那么“瓷实”。

每次报销餐费或申请资源，领导都问：“这项目靠谱吗？”同事说“我们关系没得说”“这家企业有钱”“只差一个人同意”“可能在等时机”……

可时机迟迟未到。后来领导说："这项目你别放太多精力，去盯些能回款的项目吧！"同事仍觉得这种有关系、有需求、有钱、有人支持的项目很难找，推到这程度也不容易，不愿放弃。最终，除了持续吃饭、交流、答疑，直到这位同事离开公司，这客户也没有签下来。

类似这样的情况很多。好不容易找到个项目，有人认为"有一线机会"就"投入全部精力"，要像"苍蝇盯肉"一样坚定，不达目的永不放弃。

而销售机会不同，客户背景不同，加上每个项目的阶段和赢率不同，当下这项目是不是最值得投入精力的呢？面对自己的市场目标和业绩目标，销售应该将主要精力放在哪个项目上？一旦跑起来就很难停下来思考，销售会顺着一条路跑到黑，不管是不是自己的路。

人不愿意接受已知的损失，宁可去冒更大的风险，这是一种本能。但明智的人知道什么时候选择放弃。出色的销售不仅会选择客户，也知道什么时候选择离开，他们知道什么样的客户是优质客户，什么样的客户应该放弃。

我们都知道要在高价值的客户身上投入关键资源。可是，当多次问及不同销售组织"同等情况下先做哪个""理想客户是什么样的"这些问题时，不少销售的答案是"有钱""信任我""支持我""有需求""规模大""不欠账"……这些可以衡量客户的价值吗？

知止而后有定。吸引力法则说"关注什么就会发现什么"。如果对"高价值客户"或"理想客户"没有清晰可衡量的界定标准，那么我们可能永远找不到自己的理想客户，很可能在一堆"胶水项目""鸡肋项目""僵尸项目"中挣扎。客户有事叫你你不能不去，客户来了你不得不接待，投入时间、费用、专家等资源，一直跟着客户跑，却迟迟没结果。

唯有双赢客户才能长久，唯有理想客户才能双赢。双赢是选择目标客户的起点。客户需要你，它的发展需要你的产品或服务方案提供支持，你的产品或服务是客户实现战略目标的关键资源。你需要客户，这样的客户将拉动你的公司的发展，包括对公司产品、组织能力、市场地位等的提升与贡献。双方合作是资源整合、共同发展，是双赢结局。

选择理想客户不是制定一个理想的标准，然后去寻找符合这个标准的客户，不是去想象遇到理想的客户，而是遇到客户之后用自己的标准衡量其理想程度，是要用自己的标准去评价一个现实的客户。就像找女朋友，不是在家列出一堆条件然后按这些条件上街去找，而是用这些条件衡量评价正在接触的人。

确定理想客户模型，通常选择一些指标，这些指标包括可量化指标（如企业规模、产值、人数、市场占有率、行业排名等），也包括不可量化指标（如发展潜力、意识、创新、合作基础、品牌贡献、忠诚与诚信、文化与价值观等）。这些指标因公司、市场、业务不同而不尽相同。

理想客户模型通常由特定小组通过群策群力研讨形成。其研讨过程是，由业务团队负责人和骨干人员每个人选择各自认为经营最成功的客户，并列举导致成功合作的核心特征，每人列举3～5条，每人依次列举并解释，最后小组共同确定5～7条“理想客户标准”。同时，也可以用同样方法列举最差客户的特征，确定限制合作或避免合作的标准。这些特征应具备长期性和相对稳定性，而不是“有钱”“有需求”“信任我”这类临时性、个体性的特征。

指标确定后，给这些指标分配相应的权重，然后针对正在跟进的项目逐项对关键指标评分（1～5），通过权重汇总后，即可得到“理想客户评估”的评价值（见表1-1）。

表 1－1　理想客户评估表

序号	关键指标	具体内容	权重（也可同权重）	评价分值（1～5 分）
1	市场地位	客户所在行业排名及影响	20%	
2	经营能力	客户的经营能力与水平	15%	
3	发展潜力	客户自身持续发展潜力	15%	
4	客户意识	客户对产品应用的意识	10%	
5	品牌贡献	客户对我公司的品牌贡献	15%	
6	忠诚度	客户与我合作的忠诚度	10%	
7	产出机会	对我业绩持续产出的机会	15%	

注：表中内容为学员讨论结果示例，仅供参考。

为了将“客户理想程度”纳入影响销售机会质量的因素，可以根据计算所得的评估值对客户进行分类。

我们说，每一家客户都是独特的，每一笔交易都是难得的，这里的分类不是针对单一客户的绝对归类，而是单一个体相对总体而言的大致归类，主要用于多项目相对类比、优先级排序。

理想

一般有超过 50%的评估项达到 5 分，且没有 4 分以下的评估项。具体分值因公司和业务而异。这类客户是销售中难得的优质客户，也通常是公司的重点或战略客户，与该类客户的合作是难得的双赢格局。公司和销售人员对此类客户往往关照有加，会将这类客户放在很高的优先级上。

较好

这类客户大部分评估项在 4 分以上，称不上最理想，却是比较难得的较为优质的客户。与该类客户合作，公司可以较小的投入收到较合理的回报，相对战略客户和理想客户而言，这类客户是实用且经济的类型，公司的主要利润将由此类客户带来。

常规

常规客户群体对公司没有额外的贡献和价值，双方对合作没有更高的期望，但也不会有什么麻烦，双方将按部就班地合作。随着经营环境或组织变化，此类客户有可能向其他类型客户转化。

牵强

有一些评估选项在 3 分以下，在合作中双方都感到有些勉强，属于“有条件合作”的客户。对于这些限制性条件，销售必须明确和坚持，当有关键条款或条件达不到要求时，可以选择转移战场，甚至放弃。

避免

这类客户有一些关键选项的值很低，严重影响双方的合作，一旦签约或付诸实施这些选项将成为合作的障碍。这类客户是销售应尽量避免签约或接触的客户。或许每个销售都应该明确“不做什么”或“什么样的客户不做”。选择“不做什么”比选择“做什么”更难，也更关键。

销售或组织要建立“理想客户模型”，对正在跟踪的客户进行理想程度分析，这样做不仅对衡量客户价值有重要作用，更关键的是，能够将公司自身价值诉求与客户价值诉求相结合，基于双方发展和价值诉求驱动，为双方长期双赢合作奠定基础。

凡事，预则立。

知止而后有定。

演练

1. 思考所在公司的销售项目，分析“理想客户模型”应包含哪些关键指标，并请填写如下理想客户评估表的第二、三、四列。

序号	关键指标	具体内容	权重	评价分值 1	评价分值 2
1					
2					
3					
4					
5					
6					
7					

2. 请根据以上的评估表评价第一节中所列举的两个客户，填写表中第五、第六列，并计算两个客户的理想客户评估分值。

客户 1：____________________　客户 2：____________________

3. 请结合评估分值判断每个客户的理想程度，分析原因并阐述其对销售机会的影响。

客户 1：____________________

理想程度：□理想　□较好　□常规　□牵强　□避免

原因及影响：____________________

客户 2：____________________

理想程度：□理想　□较好　□常规　□牵强　□避免

原因及影响：____________________

小 结

客户背景，包括客户业务与市场背景、合作历史与购买机会背景等，看似与销售关系不大，却是一个“选择战场”的战略问题，也是“作战目标”的标尺，它比“怎么打赢”更重要。

从战略上来说，“找对客户”比“拿下客户”更有价值。这不仅事关销售难度和赢率高低，也事关组织业务定位与能力部署、组织兑现承诺的资源保障、客户持续经营价值，甚至事关组织发展战略，正如有人说的那样：“公司的战略是随着底层执行过程而变化发展的。”

多年来见过不少项目，做到最后销售不得不硬着头皮做下去，他们明知道产品功能欠缺，实施力量薄弱，继续做下去可能吞噬公司资源，甚至签下来也赔钱丢名声，但还是撑着做下去。这都是因为销售人员不能有效控制销售过程，没有明确自身优势并确定理想目标区域，没有给自己确定SAY NO（说不）的红线，于是当面临多种选择并存、需求延展偏离、竞争激烈的情况时，他们可能失去原则甚至没有底线，结果是赢了单子，丢了利润，误了发展。

很多组织销售业绩有大小年现象，业绩呈 M 形，好一年差一年。究其原因，想要业绩时，几无原则地拼命签一批项目，当期业绩虽然好看，组织却被交付压力拖进泥潭，一两年缓不过来，后面业绩自然难看。等集中精力对付过去，好不容易缓过来，再放开冲一两年，然后进入下一个泥潭。很多团队或组织负责人实行任期制，或许加剧了这种现象。更有甚者，在任的几年业绩辉煌，离任后多年“寸草不生”。

销售应把客户视为最重要的资产进行经营——无论战略客户还是行业客户。商机由客户经营规划而来，业绩由业务规划和部署产生，这要求销售必须对“去哪儿”和“不能去哪儿”明确界定，对理想目标客户、销售机会类型结构、目标客户的市场地位和业务属性等形成一个特定框架优先级，明确重点部署和导向。这个导向，不仅是业务良性有序发展、业绩爆发增长的关键，是组织能力转型的抓手，而且是组织能力及战略实现的必要支撑。

从策略上来说，机会类型和客户业务背景，以及业务发展阶段、外部市场竞争处境等，这些是客户中每个角色的生存环境，是每个角色动机和需求产生的根源，也是决策影响因素的土壤。关注和了解这些信息，有助于更有效地理解客户购买动机、思维模式和决策模式，这些信息的组合提供了判断形势的维度，这也是制定销售策略的起点。

选择对了，成功一半。

知止有定，了然于胸。

第 2 章

项目形势

6. 销售目标

销售小赵负责一家大客户有段时间了，经理问小赵："这家客户会有什么产出？"小赵说："客户对我们的方案很感兴趣！"经理问："对什么方案感兴趣？"小赵说："全面解决方案啊！"经理又问："客户今年会买什么？"小赵说："经理，如果公司支持到位，专家的方案讲得好，价格合适，客户应该全买！……也可能，客户先买一个模块……"

在跟进过程中，很多销售对"客户究竟要什么"和"客户会买什么"一直朦朦胧胧，更多是自己的感觉和猜测，或者将自己的意愿强加在项目上："客户觉得我们这个方案很好，很有意向！"

很多销售组织是这样的逻辑：公司盯市场，高管盯目标客户群，经理盯重要客户，销售盯单子。市场和业务策略最终由具体项目落地实现，都要落到一纸合同上。而项目具体内容，在销售阶段就是"销售目标"。

大客户销售中，销售目标是制定销售策略的起点，也是关键。

同一家客户，销售目标不同，即使同样的产品，参与角色、决策流程、决策复杂度差别可能极大。比如，一家集团为某次会议购买 100 支签字笔，可能办公室的一个职员就能决定。如果这家集团全年办公用品集中采购，要选择 10 万支签字笔的品牌和供应商，可能行政主管、财务主管会参与，甚至小组评议。如果这家集团要采购 10 万支签字笔，将签字笔融合到其产品中，形成礼包产品推向客户，那么可能市场主管、销售主管、质量主管等都会参与采购决策。

同一个项目，销售目标不同，销售阶段、所处形势与竞争态势可能都不一样。比如卖一套自动控制系统给一家工厂，如果是正在使用的产品升级，因为客户有相关认知和体验，决策可能相对简单快速，这家供应商也相对有优势。如果应用范围拓展到另一条新生产线上，或者之前未涉及的应用领域，除了参与决策人员可能会变化，还会涉及技术可行性、总体投资、价值收益及潜在风险等的评估，客户的评估流程会更长，决策过程会更复杂，或许还会引入第三方顾问、其他供应商进行比较论证，形势可能与之前大不一样了。

所以，销售目标关系到项目范围的大小，从而影响参与的角色、决策的流程、决策的复杂度、客户对成本和风险的敏感度等，并由此带来对销售赢率、业绩预测、策略布局及资源部署的直接影响，所以销售目标是制定销售策略的“定盘星”。

既然如此重要，销售目标是如何产生的呢?

销售目标不是由销售自己制定的，而是由客户“制定”的。销售目标是一个符号、一个表象、一个预期的结果，其背后是客户的购买逻辑和供应商的销售逻辑，它会因销售的理解力、洞察力及共识力而显性化。

销售目标形成的背后逻辑，是三个单词：WHY、HOW、WHAT，如图 2-1 所示。

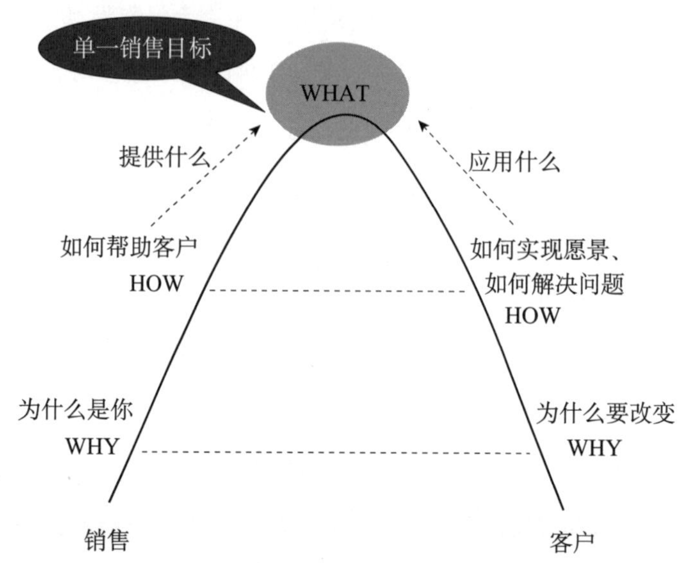

图 2-1 销售目标的 WHY、HOW、WHAT

WHY，即客户为什么买，源于什么动机。客户的采购是一种行为，这种行为源于某种动机，通俗地说就是欲望。对企业来讲，这种动机的形成可能源于外在环境变化（如经济和竞争环境），也可能源于内部业务发展或职责需要。这些变化被客户中不同人感知，大家感受到变化带来的压力或动力，多人多角色的压力或动力交叉汇集，积累到临界点时，就会促使客户形成改变现状的意向或行动。

HOW，即客户如何改变，如何解决问题，如何实现愿景。动机形成之后，客户的目标开始明确，聚焦问题或障碍，厘清适应变化需要解决的问题是什么，如何解决，都有哪些解决问题的备选方案。同时，客户需要清晰地知道如何使用供应商的产品，如何从使用中受益，如何产生价值，如何规避风险等。

WHAT，即客户需要建立什么能力，需要购买什么工具资源。这时客户应该清楚供应商的产品或方案的优势是什么，采购哪些产品，应用什么功能，需要多少预算或成本，这些决定了客户需要购买的产品及数量。

总结来说，所谓的“销售目标”是客户基于对变化的感知，触发产生个人动机，与业务需求结合形成解决特定问题的方案、实现特定目标所需工具资源（供应商所提供的产品和服务）的外在表现。

同时，销售目标不是客户的单边认知、单边行动，而是销售与客户的共识。销售与客户共同识别变化、明确问题，共同探讨解决方法、制定解决方案、建立标准，共同理解所需要的产品、数量、使用部门、应用方式及预期价值。即使不是同步发生，是销售帮助客户重构认知，销售也应先确保自己理解正确，至少不是自我猜测、臆断或想象。

所以，销售目标背后的四个关键词是变化引起、触发动机、形成方案、同步共识。

销售目标如何表示呢？

每次销售都需要制定一个具体和单一的销售目标，这个销售目标应该是清晰、具体、可量化、可界定的，通常需要包括以下内容。

客户或业务领域

一般指客户名称，即此次销售的对象。当面对超大型或多业态的集团客户时，销售组织常将客户的多个业务领域（或业务板块）拆分开来分别经营，此时又指客户某个具体业务领域。

应用部门

此次销售的产品或服务将提供给客户哪些部门使用。客户关键需求将基于应用部门业务产生。采购角色和影响力的决定也与此部门有关。

产品或服务

此次为客户提供的产品、解决方案或服务是什么，一般指公司的产品或方案包。

数量

此次项目中客户采购的数量是多少。

合同金额

此次销售预测的成交金额。在合同金额不明确时，通常以客户在此项目的预算表示。需要注意的是，预算要体现相关性，即预算中与销售方产品或服务相关的部分作为预测金额。

预计成交时间

此次销售预计成交的时间，即通常所说的关单时间。预测成交时间与客户的采购计划相关，也与采购阶段、销售周期相匹配。

预测收入

此次销售可能给公司带来多少收入。不同行业或不同公司的收入预测方法不同，有的公司将“合同额”作为预测收入，有的以“客户付款”作为预测收入，还有的以“税后回款”为预测收入，也有企业以“虚拟利润”为考核指标。

根据以上几点，销售目标可以表示为“将在（何时）卖（多少）数量的（什么）给（谁）以实现（多少）收入”。

销售目标应符合目标的 SMART 原则。比如相关性，销售目标必须与销售方产品服务相关，是销售方的优势和能力所及的。另外，目标必须是可以被量化表达的，对于“什么、谁、何时、多少”的描述要简洁、清晰、具体，是有时间限制的，是可达成的，如此具体之后，我们通常称之为“单一销售目标”。

同时，销售目标可能是变化的。客户的认知和决策形成是一个主观过程，客户形成动机、定义问题、制定解决方案的过程也会受到各种信息或多种因素影响，同时又是客户多个角色认知和需求的交叉重叠，所以销售目标可能在一开始是不清楚的，随着客户的认知水平、需求重要度排序、预算等情况的变化，以及客户内部政治、竞争对手引导等因素的影响，销售目标会发生许多变化。这是正常的。

销售的工作就是不断地使单一销售目标变得清晰，将各种未知的、不确定的信息变得已知和确定，以确保销售目标的实现，这需要实时审视、反复检查。

单一销售目标是形势分析和策略制定的关键。

目标决定策略。

演练

1. 请结合“单一销售目标”的标准，将你的四个项目的“单一销售目标”填入表中。

客户				
项目				
应用部门				
产品或服务				
数量				
合同金额				
预计成交时间				
预测收入				

2. 请结合“单一销售目标”形成过程，选择你的四个项目中客户的“WHY、HOW、WHAT”。

项目 1.1：WHY ________　HOW ________　WHAT ________

项目 1.2：WHY ________　HOW ________　WHAT ________

项目 2.1：WHY ________　HOW ________　WHAT ________

项目 2.2：WHY ________　HOW ________　WHAT ________

3. 请检查每个项目的“单一销售目标”的真实性与完整性，对于未知和不确定之处进行标识。

项目 1.1：不确定内容______________ 未知内容______________

项目 1.2：不确定内容______________ 未知内容______________

项目 2.1：不确定内容______________ 未知内容______________

项目 2.2：不确定内容______________ 未知内容______________

4. 请从中选择一个你认为最优质、最复杂且有挑战的单一销售目标，进入后面的练习。

7. 所处阶段

实际生活中，几乎没有人会突发奇想立即去买一辆汽车。如果决定买车，这个人在决定之前一定是受了什么刺激，比如风雨天打不到出租车、拜访客户没车效率低、老人孩子出门不方便、朋友们面前没车丢面子等。这个过程或许比较漫长，要经过几个事件的连续刺激，也或许是一个关键时刻或重大事件的深度刺激。总之事件或情境的刺激引发内心的强烈感受，继而让他暗下决心一定要买一辆汽车。

在“暗下决心”之后，他开始不自觉地关注与车有关的信息，上网查询、看手机报、留心路牌广告，朋友聊天也会扯几句，走在路上也会留心过往车辆。随着对这些信息的不断收集加工，这个人慢慢结合自身实力和需求，对款式、排量、价格等形成一个大致意向和区间，可能会锁定两三款车型。

在付诸行动时，或许标准已经比较清晰，甚至有了具体倾向的车型。即使如此，买车人也常常会在两三家店之间比较、感受一下，提出一些问题并希望得到“让人安心”的回答，甚至找专人验证一下自己的决定是否正确，最后还要给自己一个能说服自己下决心购买的理由，毕竟不便宜！

这是典型的“购买决策过程”，无论是个人买几块钱的生活用品、几百几千元的耐用品，或家庭几万、十几万元的重要投资，还是组织购买原料、技术或服务，购买流程都会按照“感受变化、形成动机、明确标准、建立愿景、采取行动”的逻辑展开，只是每个阶段所用时间长短和所需信息量不同。大客户销售也是这个过程，很多企业的销售流程、销售漏斗也大多基于这个基本逻辑设计。

从甲方企业运营和管理的角度来看，企业采购也是一个“项目”，从需求提出、明确意向、形成方案、评审评估，到形成决策，是一项有流程、分阶段、有步骤的任务，由多个部门不同角色分工协同完成。客户在采购过程中的不同阶段，关键任务、关注重点、不同角色的参与程度、不同角色对决策的影响都不尽相同。

在形势判断中，基于客户基本购买逻辑，将项目所处阶段简单划分为四个阶段，以进行项目形势分析和机会评估。

意向阶段

意向阶段指客户对自己的处境有认知和感受，也在考虑是否要通过一些行动来改变现状，有潜在的动机和需求。“现在的情况不是很好”“我们要实现更高的目标”“我们可以做得更好”“或许我们应该做些改变”，这个阶段客户对现状感到不是很满意，隐约有一些想法或期望，可能会基于现状与理想的差距，形成购买的动机或想法，其强烈程度与改变的成本和可行性有关系。意向阶段的重要标志是，随着对现状不满程度的增加，目标越来越强烈，问题带来越来越大的压力，需求越来越清晰，客户清楚“WHY”，即为什么要改变，在“采取行动”和“不做改变”的天平两端开始倾向于“行动”。

方案阶段

方案阶段是指，客户有了改变动机之后，进而细化目标和具体需求，寻找并制定问题的解决方法。“通过这次改变我们要实现什么目标，解决什么问题，如何实现和解决?”对实现目标的障碍和问题有了清晰描述之后，开始考虑和设计用什么方法排除障碍、解决问题，采用什么样的方式和手段，建立什么能力，应用什么产品和服务来实现既定目标。在方案阶段客户清楚“HOW”，即如何解决问题实现目标，制定了清晰的问题解决方案、实现路径和具体标准。

商务阶段

商务阶段指客户在有了清晰需求、解决方案和具体标准之后，开始准备做出选择和决策的阶段。客户需要在多家公司之间进行比较和选择，一方面不断验证目标、问题、解决方案、实现路径和具体标准，另一方面关注自己采取行动、改变现状的成本和风险，验证对方的信誉和能力。商务阶段不是只谈商务，而是对行动方案、成本风险、预期收益和成功标准进行全面和严谨的评估。

即将成交

这是客户做出决策、采取行动之前的关键阶段，也是销售常说的所谓“临门一脚”。即将成交的客户会有一种正常的心理状态，即“决策黑箱”，面对即将采取的行动可能带来的变化，他们感到对未知的恐惧，充满顾虑甚至担心开始加重，这时候正如买车时“最后给自己一个说服自己的理由”一样，需要基于具体方案、详细计划、量化收益来坚定信心，从而得到决策的“安全感”。客户需要有一个声音告诉他们这个决策是正确的。像有些销售所做的那样，不停催促“快签单吧”，或者用一些“逼单”伎俩，这样的做法只会加重客户的担心。

意向、方案、商务、即将成交这几个阶段的划分，不仅有行为心理学、思维意识和决策逻辑理论的支撑，也是客户采购的框架流程。在不同阶段，有不同的参与角色，关注点不同，呈现一定规律性。

不同阶段，客户采购行为不同。初期阶段，客户基于自身的动机与目标、现状与处境，分析存在的问题和需求，由此考虑并制定解决方案。中期阶段，客户开始评估解决方案的适用性与可行性，通过细化需求、建立评估标准对比多个方案并评估方案可行性。后期阶段，客户更关注实施方案的条件和能力，关注实施可能带来的风险及相应的防范措施，以及付出的成本和潜在收益。这三个阶段，分别对应了单一销售目标中的 WHY、HOW、WHAT。

不同阶段，客户参与人员不同。需求提出与方案开发阶段，客户参与人员更多是产品应用人员。方案评估阶段，客户参与人员更多是一些标准判定人员、技术把关人员。客户做出承诺或付诸行动阶段，一般需要客户相关决策人员进行评估和决定，并由执行部门负责执行。

不同阶段，客户关注重点不同。在初期阶段，客户不会过早关注厂商的产品，而是关注销售及顾问人员的专业能力与相关经验，甚至是关注内心对销售人员的感觉。在中期阶段，因为问题明确、需求清晰，客户开始评估产品与解决方案是否能满足自己的需求、解决相关问题。在后期阶段，客户会关注风险与成本，评估厂商的组织能力是否能兑现承诺，厂商是否具备发展能力以提供持续合作的支持，以及厂商对该项目的重视程度。很多公司基于客户采购流程建立自己的销售流程，对重要节点、关键任务、对象角色、所用工具与资源、目标效果、衡量成果等进行定义，形成指导销售人员开展工作的方法论，具有一定指导作用。

不同阶段，销售赢率也会不同。采购是一个项目、一个过程，随着项目的推进，结果的清晰度和可达成概率就会逐渐增大。销售在参与客户采购工作时，由于不同阶段的关键任务、重点角色、工作成果等不一样，销售成交概率（赢率）也因此不同。很多公司基于成交概率，将销售进程划分为几个阶段，分别赋予一定的赢率，并以此来预测实现销售目标的概率和预测值。

有一点需要注意。即使在同一阶段，客户可能会与这一家厂商成交，也可能与另一家厂商成交。如果单纯以阶段预测销售收入实现的概率，会忽略销售处境和竞争地位这些因素。比如，一个项目到了商务阶段，漏斗显示商务阶段的成交概率是 70%，如果是五家厂商竞争，五家的成交概率会都是 70%吗？如果其中只有两家最有希望，最没有希望的那一家厂商，成交概率也是 70%吗？在实际销售管理中，销售人员在这个地方很容易误判。

销售容易看到积极的一面，盲目自信，忽略了潜在的风险。这就导致凡是形势有利的赢率大的项目，销售就会报上来。而那些心里没底的项目，销售干脆就不提，赢了是惊喜，丢了悄悄挖个坑埋了，省得背什么责任。这样做的结果是销售预测不准，更严重的是还可能因此丧失一些机会。

在根据客户购买逻辑和销售阶段划分进程、确定成交概率的基础上，销售需要跳出自己的视角，站在客户采购视角看到所处阶段，对自己的处境、项目形势进行客观合理的分析，从而制定有效的策略和行动计划。

销售阶段，底层是客户的决策逻辑。

所处阶段，基于客户的认知和判断。

演练

1. 请根据之前所选择项目的单一销售目标，判断所处销售阶段并分析客户行为。

项目名称：________________________________

销售阶段：□意向　□方案　□商务　□即将成交　□未知

2. 当前客户主要行为________________________________

8. 竞争形势

谈到竞争，很多人的第一反应是竞争对手。

很多公司进行项目分析时，管理者往往会问“竞争对手是谁”，讨论竞争对手有没有参与，竞争对手是谁，竞争对手接触的是哪个部门、“搞定”了哪个人，他们可能用什么竞争策略，会抛出什么样的价格……好像没遇到竞争对手，自己都怀疑这项目的真实性。

随着产品差异化越来越小，没有竞争的销售越来越少了，遇到竞争是普遍现象。但是，面对竞争我们必须搞清楚两件事情：为什么会存在所谓的竞争，如何分析研判竞争形势。否则我们一旦被竞争形势误导，或者被竞争对手牵着鼻子走，将是非常麻烦的事情。

先来看看为什么会有竞争。这个问题，我们仍然要先回到客户认知和思维主线来看。客户面对环境的变化，为实现组织的稳定可持续发展，将采取重要的举措（甚至战略转型）来抓住趋势带来的机遇，内心会对要达成的目标、要解决的问题、要具备的能力有所思考和判断。可是，对客户来说，有些事情他们之前也没做过，虽然了解自己，但面对新的问题、新的可能、新的决策，他们需要学习吸收大量新的信息。

在这个过程中，客户一方面会组织内部研讨、向专家顾问咨询，另一方面会在与厂商交流中不断思考研判。随之，客户对问题的定义、解决方案的形成、对实施举措的思考，也不断形成、优化、修正。

事关战略与业务，客户不会不谨慎对待。当有一个厂商提出方案时，客户会去理解、思考、评估、认证，其实在他们潜意识中也在想，这是最合理的方式吗？这是最佳的方案吗？还有没有更好的可能呢？

这时候，客户一方面会将厂商提出的方案与自己的真实处境和内心标准做对比，另一方面由于内心缺少安全感和信心、缺乏对厂商充分的信任，他们会找机会向有相关经验的同行、其他厂商进行咨询或对比。这样一来，多家厂商参与到项目中，就形成了很多人意识到或没有意识到的所谓“竞争”，也就是引入了对原有厂商带有威胁性、竞争性的观点和意见。

那么，既然已经有了“心中的首选”，客户为什么还要对比，甚至进行比选或招标呢？

其中的原因是多方面的。

比如，货比三家（不低于三家招标）是一些公司采购制度和规范的硬性要求；客户需要在多厂商的观点对比中，验证自己的判断和决策的“合理性”，为自己的决策寻求“安全感”；客户还有一些未完全搞清楚的问题或者顾虑，需要通过与其他厂商的沟通寻求“完善方案的建议”；客户把团队决策过程显性化、机制标准明确化，以把个人决策风险降到最低；组织者或决策者邀请更多人参与评估，这样就能够获得那些参与者对事情的更多认可或支持。

每种情况在现实中都有非常多的真实案例。

那么如何分析竞争从而制定有效策略呢？这里说到的竞争，不是指与对手的竞争。也就是说，我们不与对手做对比。我们的主战场在客户的“认知”里，在客户的“思维过程”中。谈及竞争，更多应该是“在客户看来”，客户如何看待这件事情，客户如何看待这几个观点，从客户的处境来看他们是如何认为的，他们会如何思考、判断，他们会优先考虑哪个观点、优先考虑谁的方案。

竞争形势可以分为四种情况。

单一

在客户的认知中，目前只有你一家厂商在参与。客户的认知、思维过程与你的沟通同步，客户与你共同研讨处境和问题、与你共创解决方案，除此之外，客户没有接触其他供应商或合作伙伴，这种情况我们称为单一。

单一并不意味着“没有竞争”，而是竞争可能来自客户认知的变化。客户有了犹豫或顾虑，客户拖延甚至取消，客户预算挪作他用，客户内部自己解决问题，这些都是你可能面临的“竞争”。

通常，项目在特定阶段时可能会出现单一竞争，不会始终处于这种状态。除非你以专业能力与客户建立了非常好的信任关系，或者你具备其他供应商没有的独特资源或优势而刚好客户不得不向你采购，否则客户一定会对多个方案进行对比评估后再做决策。即便在双方长期的战略合作中，客户也会拿你与其他供应商做比较。在销售中，我们把这种“对比意识”或“对比形成的观点”也视为一种潜在的威胁和竞争。

领先

客户认为，针对他们的特定处境、期待和需求，或者就沟通感觉来讲，你在某些方面比其他供应商更有优势一些。这种领先优势可能源于某种客观的产品功能或独特的差异优势，也可能源自你对客户处境的理解、对客户业务的专业性、与客户沟通的深度和流畅度，以及你独特的公司实力、组织能力或特有资源等。这是客户认知到的优势，以客户认知为准。

平手

所谓平手，就是客户认为你与其他供应商相比没什么独特之处，也没什么明显的短板或不足。这种情况，往往也不客观，而是客户的主观想法。这可能与双方接触的历史和深度、时间长短有关，与供应商对客户业务理解的深度有关，与客户需要的独特差异优势有关。即使你满身武功，但客户认为你和对手没什么大的不同，难分伯仲、旗鼓相当，或者你们各有千秋，也是没用的。

事实上，真正的平手是不存在的。本书随后将谈到，企业级购买是组织购买和多人决策，可能客户中某一个人认为几家供应商没什么区别，并不是每个决策影响者都这么认为。你与甲接触多，其他供应商与乙接触多，各家供应商都有两三位“相好”的，这在事实上就很难说是平手。只是在实战中，很多销售往往用“你搞定了谁，我搞定了谁”来判断。

落后

在客户眼中，你提出的方案与客户自己的想法相比或与其他供应商的方案相比，没有明显的优势，不符合客户的期望或需求，不能真正赢得客户的信任。客户认为你有明显的差距或不足，你的方案或建议不是客户解决问题的首选，你也不是被优先考虑的合作对象。这种情况可能是因为你接触客户的时间较晚，客户认知已经形成；也可能是你对客户处境的理解不到位，没让客户感觉到你的专业和优势。总之，客户有了自己明确、坚定的认知，比较难以撼动。

综上所述，竞争形势不是我们如何看待竞争对手，不是我们与其他供应商的事情，不是功能对比清单，更不是价格高低之分，而是回归本质和主线，强调客户认知，是基于客户认知的比较，是与客户认知的匹配程度的“竞争”。

在这方面，有时候销售的第六感直觉也是比较准的。因为客户的种种细微信息已经潜移默化地传递给了你，你已经接收到，只是你不知道你知道而已。

对于企业级销售来说，客户决策链条中人多，每个人眼中的“竞争形势”又不尽相同。因此在判断竞争形势时应从总体考虑，从多人的综合认知评估中对全貌做出总体的宏观判断，以便制定总体策略。随后还要具体对每个人的认知与支持反对情况进行深入分析。

更加关注客户处境与期望，理解客户的动机与诉求，换个角度看世界，换个维度思考，会让我们跳出竞争泥潭，泰然处之。

没有绝对的领先，也没有绝对的落后。

当你真正关注客户，就如入无人之境。

真正的竞争，是没有竞争。

演练

1. 就前面所选择的单一销售目标，判断当前竞争形势并分析客户行为。

项目名称：____

竞争形势：□单一　□领先　□平手　□落后　□未知

2. 当前客户主要行为描述：____________________________

9. 紧迫程度

一天，有位做大专院校业务的销售经理接到了一位高校客户的电话，对方说想考察并实施一套综合实践教学平台，通过这个平台学生可以在校内体验企业的真实工作场景。得知这个消息，销售当然很高兴，和顾问一起拜访了客户，了解了初步想法和需求，回来开始准备解决方案。过程中，客户还问方案准备的情况，貌似有些着急。那段时间确实项目比较多，有些顾不过来，销售回应说正在做。三周后，当销售把方案报过去时，发现客户对他有些不紧不慢了。原来，客户等了一周多，实在等不及了，就又找了另一家供应商来交流。

客户为什么如此着急？销售后来才知道，因为在一次主管部门针对该校的示范校建设评估中，主管部门发现模拟实践教学条件和课时未达到相关标准，有专家提出来，要求限期整改，以接受两个月后的再次评估。这让校方非常着急。他们必须要在两个月内完成建设。这种情况下，客户怎么会有三周时间等待方案？销售的拖延让客户觉得，如此紧迫的情况下，怎么放心把项目交给这家公司！销售为此懊悔不已。

客户为什么不直接告诉销售呢?

我们知道，在没有对销售方建立起初步信任的时候，客户不会把自己更真实、更完整、更深入的背景信息与需要和盘托出，直到他们觉得这家厂商还算靠谱，比较关注他们的处境和需求，能让他们放心，才会说。这种情况下，没有什么比了解客户处境和动机、了解客户的紧迫情况更重要的了。

销售经常会遇到这种情况。

比如，一家公司为了满足某个重大项目需求而临时要找合作伙伴，人力主管要在三周内组织并实施一次全员团队建设而选择供应商，企业为了避免影响正常生产运营而实施临时抢修，机构为了应对相关部门检查而必须要完成某项重要任务。客户的每次决策，都有其独特背景、独特处境，对时间的要求和紧迫度会有不同。这不是哪一个人是否着急或急迫的问题，而是基于组织的业务背景、影响组织中多个人的情况。

遇到这种客户非常紧迫的情况，销售如果还是按部就班地推进销售进程，根据自己的理解去调研、出方案、做报价、准备谈判，没有急客户之所急，结果是客户心急如焚，销售的节奏达不到客户的要求，客户就会接触其他厂商，想其他办法解决。

与之相反的一种情况是，客户原本就是在早期意向阶段，只是想了解一下，或只是评估下可行性，内部还没有达成共识意见，高层也还没有真正立项，而销售人员却根据自己对客户组织和业务的理解，认为客户需求非常急迫、非常应该购买，不断催促客户尽快推进，甚至以“考核周期”“冲刺业绩”“特别优惠”等理由逼着客户做出决策下单购买。想想看，客户在这种自身处境被忽略却被反复催促的情况下，会是一种什么样的感受呢？

客户着急，销售不急，客户势必会去找其他供应商。

客户不着急，销售着急，销售成了典型的推销者。

销售人员需要理解客户采购的背景、客户购买的动机。是什么原因促使客户希望进一步了解相关方案，是什么原因促使客户希望在这个时间点完成这件事？理解客户的处境、所承担的压力，探索客户行为背后的动机，进入客户的处境中理解客户的感受，与客户的思维认知同频、同步，做到这些势必能大大提升客户对销售人员的信任，增加销售人员对项目的参与深度。

客户的处境和紧迫程度可以分为四种情况。

紧急

客户因某种特殊要求或情况，面对内部或外在压力，要求尽快解决某些问题或完成特定的任务。这种情况下，客户会聚焦关键需求，不会过于关注细节，对时间的要求会大于对质量和成本的要求，他们不会和那些浪费他们时间精力的供应商过多闲扯，而是想要和那些能快速解决问题、达成目标的供应商合作。

活跃

这种情况下，项目正常推进，客户没有太多外在压力和时间限制，基本上有了明确的动机、清晰的目标，客户中相关参与人员也知道这个项目的情况，向前的推力大于局部的阻力，客户也没有表现出否决的意思，一切按计划有序地向前推进着。

着手引入

项目刚刚开始导入，部分积极的推进者意识到有某种改进机会或潜在需求，主要参与者或决策者还没有明确表达意向，大家只是针对项目的可行性进行探讨，更多关注为什么做这个项目（WHY）、要不要做这个项目。可以说此时项目还没有正式立项，对销售而言，只是存在一个机会而已，要做的工作还很多。

以后再说

客户将项目延期或暂时搁置了，可能的原因包括：在意向阶段的初步评估之后客户认为时机还不到；项目已经立项但在方案评估中客户不认可；在商务阶段客户认为投资太大、风险过高，暂不实施了；项目实施的某种外在条件不具备了。这些都是销售不愿意看到的情况。

每种紧迫度都源于客户自身的处境，这更需要我们有意识地关注、探索和分析客户紧迫程度。同时，意向阶段对客户处境和动机的理解、方案阶段对客户需求的理解与共创、商务阶段对客户方案投资回报及投资风险的评估和把握，都应该与客户紧迫程度同频，这是对销售最基本的要求。

客户紧迫度也不是不可转变的。在现实销售中有很多这样的案例，通过扩大当前问题和潜在损失，将一个不紧急的项目变得让客户感觉更紧急；通过改变外部处境让着手引入的客户立项并正常推进；因为某种需要放大潜在风险让原本活跃推进的客户暂时延续。这都需要在真正理解客户处境和需求的基础上，与客户共同感知和研讨，使自己的专业知识和经验成为客户判断的信息和依据，真正帮助客户，避免一味因为销售自己的动机而改变客户紧迫度。

理解处境，与客户同频共情。

急人所急，销售就是可信赖的伙伴。

演练

1. 就之前所选择的单一销售目标，判断客户紧迫程度并分析客户行为。

项目名称：____

紧迫程度：□紧急　□活跃　□着手引入　□以后再说　□未知

2. 当前客户主要行为描述：____________________________

10. 自我感觉

有时候，销售的第六感是很准的。只不过很多时候销售不愿意去面对，或者总是往好处想罢了。销售人员会非常敏锐地捕捉到蛛丝马迹的积极信号并将其放大，以给自己更多信心去面对未来。对于隐约的一丝不妙感觉，销售总是刻意让自己不去想，或者潜意识里在回避。这是人之本性使然。

就像在工作中，当我问一名销售“觉得手上的这单子怎么样”时，大部分人回答“还行”。但是当我仔细去听、去观察时，对方的语音、语调、眼神、神态出卖了他。对这个项目的内心真实感受和想法，或许并不像他说的“还行”一样还行。

大客户销售需要正视这一切，忠于自己的内心、忠于自己的第六感。因为项目不是给别人做的，而是自己在操盘，销售人员自己应该做到胸中有数、明明白白、清澈见底。

先捕捉第六感，再找到蛛丝马迹关联验证，理性分析后制定应对策略。

在分析中，有一个评判“自我感觉”的维度，这个维度就像一个温度计，如图 2-2 所示。从 0 度到 100 度，0 度是差到了极点，内心处于极度恐慌，100 度是感觉项目没有任何问题，销售陶醉于这种极佳的状态中。而 0 到 100 度之间每 10 度为一种感觉，共十种感觉。

图 2-2 “自我感觉”温度计

恐慌（0—10 度）

害怕（10—20 度）

担心（20—30 度）

不舒服（30—40 度）

顾虑（40—50 度）

还行（50—60 度）

舒服（60—70 度）

安全（70—80 度）

幸福（80—90 度）

陶醉（90—100 度）

法不孤起，仗境方生。

因为是内心的一种感觉，相信每个人对每种感觉的定义不同，遇到相同情形时每个人的判断也不尽相同。所以在此对这十种感觉不再进行描述和定义，而是交由读者自己领会和感受，并形成自己的评判标准。

在进行项目的自我感觉判断时，更重要的是忠于自己的内心，你不必向任何人解释，也不需要有任何包袱，因为很多“莫名”的细节已经在你的头脑和感知中。对项目的感觉是一种非常直接的感觉，就像感受自己身体的疼痛一样，油然而生的感觉是最真实的。

你的一种感觉，或好，或不好，或乐观，或担心，不要紧，这都是最真实的。在后面的分析中，我将帮助大家找到这些感觉背后的原因，这也是验证项目优势与风险的最真实和最原本的依据。

销售人员对项目的自我感觉不仅可用于评估项目的处境，还可以与项目阶段、紧迫度、形势等因素对比，从细微之处找到项目中可能的优势、机会或风险点，通过逻辑和关联因素，找到造成这种心理感受的真正原因。

人之视己，如见其肝肺然。

诚其意者，必受其益。

演练

1. 就之前所选择的单一销售目标，判断对项目的自我感觉。

项目名称：________________________________

项目温度：________________________________

自我感觉：□陶醉　□幸福　□安全　□舒服　□还行　□顾虑

□不舒服　□担心　□害怕　□恐慌

2. 你有此感觉的主要原因：________________________

11. 形势三维

对于销售形势分析，大家有很多方法。有人按销售阶段分析，有人按竞争形势分析，有人按地盘属性攻防分析，有人按一系列指标划分，然后生成一系列应对策略和方法，指导着销售下一步工作。每种都有道理。

在赢单罗盘中，我们从“3＋1”的维度来进行形势分析，“3”代表阶段、竞争、紧迫度三个关键维度，“1”代表一个“机会来源”因素。

阶段维度

本书在“所处阶段”一节曾讲过，销售阶段逻辑与客户的购买流程相关，本书将销售阶段简单分为“意向、方案、商务、即将成交”四个阶段。项目所处阶段不同，客户采购流程与关键任务不同，参与人员不同，销售的参与程度也不相同。

比如，我们通常认为项目在意向阶段会有10％或20％的赢率，在方案阶段会有50％的赢率，在商务阶段会有70％的赢率，在即将成交阶段会有90％的赢率，若还包含其他考虑因素则赢率降低为50％或更少。这是一般销售漏斗或预测的概率值。很多传统的销售工具也是基于这样的原理设定的。另外，销售人员的自我感觉温度会与该值趋近。

但是问题来了，到了方案阶段，项目真的有 50%的赢率（或自我感觉 50 度）吗？到了商务阶段，真的会是 70%的赢率（或自我感觉 70 度）吗？这时候，我们不得不考虑第二个维度——竞争。

竞争维度

在“竞争形势”一节中，本书讲到竞争分为单一、领先、平手、落后四个状态。在销售推进过程中，该销售机会一定会处于某种竞争态势中，销售人员要真实、全面、理性地认识和研判项目的竞争维度。

当“阶段”遇到“竞争”，奇妙的事情开始发生了。

比如，某一销售机会进展到了商务阶段，而我方的竞争形势经分析属于“落后”，那么销售人员的自我感觉温度会是多少呢？很有可能不是按商务阶段推测出来的 70 度，而可能会是 45 度或 40 度，对吗？

再如，某一销售机会在意向阶段，我方竞争形势经分析属于“单一”，那么我方销售人员的自我感觉温度会是多少呢？可能会有稍许乐观成分，应该在 30 度、35 度或 40 度。但是，不能忽略的是，到了方案或商务阶段，客户很有可能会引入其他的竞争者来进行比较，到时候未必还是“单一”竞争形势。

又如，某一销售机会在方案阶段，竞争形势经分析属于“平手”，那么我方销售人员的自我感觉温度会是多少呢？通常我们认为是 50 度左右。因为在方案阶段各家供应商旗鼓相当，50 度也正常。但是，如果再考虑一个因素——机会来源，也就是说“谁的地盘”，结果会怎样？如果这个机会是你的老客户，即原来是你的地盘，也就是说在老客户项目中你在方案阶段仅与对手打了个平手，感觉还会有 50 度吗？可能会是 45 度或 40 度了。相反，如果是在竞争对手的老客户的项目中在方案阶段打成了平手，那么你的感觉会好些，感觉温度会有55度或60度。

这里我们就说到了另一个因素——机会来源。

机会来源

本书在机会类型一节中曾讲到，销售机会的来源一般分为两类——老客户、新客户。其中新客户又分为空白客户机会、对手老客户交叉销售机会、替换对手产品机会，老客户又分为老客户重复购买（销售）机会、老客户交叉购买（销售）机会。

为什么要把机会来源分得这么细致？因为不同机会下客户的熟悉度、信任度以及客户对采购的风险敏感度，都有所不同，这些将影响销售人员进行相应的形势分析与策略制定。

在意向阶段客户对“更换供应商”这件事情还是比较保守的，毕竟更换的成本很大。所以，对于老客户，因为彼此比较熟悉，我方形势处境往往会占有一些优势。但在现实中，服务和应用效果不好导致老客户满意度不是那么高，进而导致原来的供应商失去优势，也是很常见的。

对于竞争对手的老客户，销售在开始往往会遇到一些隐形的阻力，必须消除这些阻力才能够有效前进。但是随着项目的进展，到了方案乃至商务阶段，随着双方对彼此的了解逐渐深入，加上客户会有一点点喜新厌旧的心理，是不是老客户这件事的影响就没有那么大了。

将上述“阶段”“竞争”两个维度和“机会来源”这个因素合并起来考虑，就会发现有趣的现象。

某个销售机会处于“意向”阶段，竞争形势为“落后”，而机会来源为“老客户交叉”，想想看会发生什么？这个境况貌似很悲观，怎么避免这种情况呢？当下的情况又该如何处理呢？

某个销售机会处于“商务”阶段，竞争形势为“平手”，而机会来源为“竞争对手客户交叉”，想想看又会发生什么？怎么确保能赢呢？

这时候，是时候提到另一个维度——紧迫度了。

紧迫度维度

本书前面讲过，紧迫度是指客户对采购事项的重要和急迫程度。客户对采购的紧迫程度，很大程度上影响了销售人员所处的形势以及应对策略。

客户很急迫，看上去是好事，但如果客户认为你不能满足需求或客户认为你不是首选，那就有些麻烦了。客户的项目延缓了，看上去有些不妙，但如果你本身正处于劣势，客户原本是想选择其他供应商的，这种情况下的延缓对你来讲则是好事。

现在，我们可以试着把“阶段”“竞争”“紧迫度”三个维度放在一起，看看会有什么奇妙的事情发生。

某销售机会 A，所处阶段为“意向”阶段，竞争形势为“领先”，紧迫度为“紧急”，请问对于这个销售机会你的自我感觉如何？感觉温度会是多少呢？可能很多朋友会高兴甚至兴奋，说不定自我感觉会达到 50 度或更高。

某销售机会 B，所处阶段为“方案”阶段，竞争形势为“平手”，紧迫度为“活跃”，请问你的自我感觉如何？感觉温度会是多少？50 度左右对吧。另外，如果这个销售机会来源是对手地盘，是对手老客户交叉销售机会，你的感觉呢？似乎又更好了一点。

某销售机会 C，处于“商务”阶段，竞争形势为“领先”，紧迫程度为“紧急”，你的自我感觉如何？你的策略会是什么？应该是快马加鞭、速战速决。如果机会 C 是“商务＋落后＋紧急”呢？如果机会 C 是“商务＋落后＋延缓”呢？

把三个维度叠加在一起，能够更清晰地描述机会的情况，从而更精准地判断所处形势，想出相应的推进策略。

所以，形势分析的 3 个维度（见图 2－3），再辅以机会来源这个因素，成为项目分析中必不可少的关键方法。

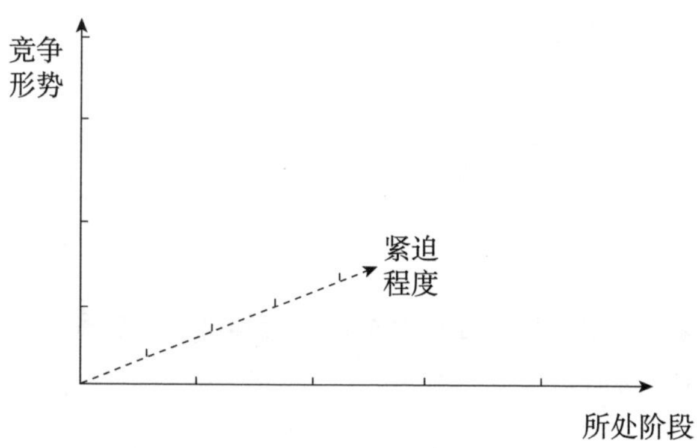

图 2－3　形势分析的 3 个维度

还不仅如此。任何一个销售机会当下的状态和形势，都存在于这个由三个维度构成的三维空间中。更奇妙的是，这个三维空间可以帮我们制定推进的策略。任何一个销售机会都可以通过这个三维空间找到策略推进的方向。

比如，有这样一个机会：“方案＋平手＋活跃”，那么推进的策略有哪些呢?

根据三维理论，任何一个位置的改变都是机会：可以将阶段向前推动到商务阶段，成为“商务＋平手＋活跃”，然后在商务中寻求独特优势以创造领先的格局；可以向后移动到意向阶段成为“意向＋平手＋活跃”，通过重新确认客户其他影响者的意向，来改变处境或强化优势；竞争形势可以从“平手”移动到“领先”，成为“方案＋领先＋活跃”，通过对客户的深刻理解，以正面出击的方式让客户感知或认识到我方的独特差异优势，从而将竞争形势朝着对我方有利的方向改变；可以将紧迫程度从“活跃”推进到“紧急”，于是变为“方案＋平手＋紧急”……

理论上来讲，如果每次只改变一个维度，我们应该有 6 个选项（每个选项向前或向后移动一个位置）。但是，因为这一个维度的改变，其他的因素、销售的处境形势都可能跟着发生变化，那么相应的选择就非常多了。

至少，这给形势分析、策略制定提供了一些可能的选择方案。

在这个三维空间中，我们把每个维度都分成了 4 个阶段（或状态）。那么这个三维空间一共有多少个位置呢？4×4×4＝64，一共 64 个位置。

64 在中国传统文化中是非常玄妙的一个数字。易经有八八六十四卦，其实就是六十四种状态。每卦有六爻，每两爻为一组（天人地），那么这三个维度与之是什么关系呢？这个三维空间中的六十四个位置和易经的六十四卦有没有什么关系呢？本书不再深入剖析，仅供有兴趣的朋友思考。

但有一点非常有启发，易经讲“变”。变是唯一的不变，一切都在变化。有时候，销售人员可以主动创造一些变化，来改变自己的处境。这也是我们进行三维形势分析的关键。

通过三个维度的交叉分析，找到当前的形势处境状态，然后通过适当的方式主动选择一些改变，这样做能够有效推进销售形势朝着对我方有利的方向改变。

弄清了项目的总体形势只能输出一个大致的改变方向，要想做得更加精准，还需要对决策影响者和具体情况进行更加全面细致的分析。

策略源于形势。

立体思维，能看到更多机会。

演练

1. 就前面所选择的单一销售目标，判断项目的三个维度分别是什么，并写出自我感觉。

项目名称：____

形势三维：____

自我感觉（数值）：________________________________

2. 针对该项目的形势三维，你认为接下来可以改变的方向或采取的策略有哪些？具体如何操作？

策略一　改变成为：____________　具体操作：____________

策略二　改变成为：____________　具体操作：____________

策略三　改变成为：____________　具体操作：____________

小 结

销售机会或销售项目的形势分析包括销售目标、所处阶段、竞争形势、紧迫程度、自我感觉，这是评估和衡量一个销售机会主要的因素和维度。

凡事预则立，谋定而后动。

那么预什么、谋什么，本章谈到的销售机会的总体形势就是我们在销售中首先要预、要谋的内容。

销售目标源于客户的处境变化，源于客户为应对外在政策、经济、技术、用户需求、竞争等环境变化而采取的战略或举措。销售目标就是客户实施其举措的过程中需要借助外力（合作伙伴或供应商）的部分，从销售人员的角度看就是销售机会。

为了完成举措和任务，客户内部会有项目管理的不同阶段，来推进这项任务。而客户项目管理的过程，也就成了销售人员的销售和服务流程。客户的采购步骤和采购流程就是销售人员所面对的销售阶段。

客户很少从一家合作伙伴或供应商那里直接完成购买，经常要比较多个方案。在比较的过程中，客户心中可能会有首选，会有优先级排序。客户心中的优先级排序，就是销售人员所处的竞争形势。

客户在完成项目举措和任务时，受到战略推进、业务开展、部门协同、工作任务安排等因素的影响以及项目重要程度和优先级的影响，紧迫程度有紧有慢。客户不同的紧迫度，对于销售人员分析形势至关重要。

在参与客户采购的过程中，销售人员的第六感有时会很准——客户觉得你怎么样，这事到底靠不靠谱，项目有没有戏。而十种自我感觉（用 0 到 100 的分值表示），则用来标注销售人员的感受。

上述因素交叉在一起时，会构建出“阶段＋竞争＋紧迫度”的三维立体空间，项目的形势和处境就位于这个三维空间中的一个点上。每个维度都有两个可以移动的方向，通过三个维度上位置的移动来谋求销售处境的变化。

因此，就有了后续推进的策略。

这些因素都处于变化之中。

销售目标（单一销售目标）会随着销售进程而改变，销售人员也可以通过改变单一销售目标来获取竞争优势或机会。比如，在整个大单不占优势的情况下，用“大单化小、先咬一口”的策略抢占先机；在某个销售机会处于被动时，建议客户“总体规划、分步实施”，把目标放大到全局思考，可能局势便会有所不同。

销售所处阶段也在不断变化之中。并且，这个过程并非只进不退，到了商务阶段又退回到方案阶段，让客户重新评估有没有必要的情况，时有发生。

竞争形势取决于客户对销售的认知，对你与其他供应商的优势和实力的感知，对信息和事实的了解。

紧迫程度随客户所处环境和压力发生变化，也会因销售方的各种因素而发生变化。

这些变化，也可以成为销售采取的主要手段。

不知有之，随波逐流。

知其有之，功成事遂。

第 3 章

角色分析

12. 四角九力

小田最近跟进了一个客户。

客户的信息中心要采购一套大数据分析系统，用来进行业务建模和大数据分析，为业务经营提供多图形的实时动态分析，协助业务部门和领导做出快速的业务决策。小田的同学在客户的信息中心做工程师，他们关系很好。

小田跟进了两个多月，没少下功夫。那位同学也经常把详细的需求、信息及时分享给小田。小田根据同学提供的信息和需求，申请公司的技术大咖陪他去了几趟客户公司，给信息中心的人做了详细的演示讲解，大家反馈产品的功能和效率还是不错的。就在小田准备报价的时候，他听说竞争对手也参与进来了，并且通过一位高管和业务部门有交流，出的方案深得业务部门喜欢，说那家公司非常懂他们的业务，这个消息让小田郁闷不已。

小田这个简单而真实的案例，将一个现实的问题摆在我们面前：销售最喜欢和客户中的什么人在一起？

针对这个问题，我曾经问过不少人，答案更多是熟人、朋友、聊得来的、关系好的、投脾气的……

确实，物以类聚、人以群分，在与客户的交流过程中，销售总是喜欢和那些自己喜欢的或者喜欢自己的人在一起，和他们在一起轻松、自在、没压力。那么问题来了，客户的决策哪些人参与，客户公司谁说了算？你的熟人、朋友、聊得来的、关系好的、投脾气的这些人能影响决策吗？能做出最终决策吗？

销售到底应该和哪些人在一起呢？

要想回答这个问题，仍然要回到客户的购买逻辑来看。

企业级购买是一个组织的决策制定过程，往往会有多部门参与，包含许多角色的参与和任务的分工。这个过程中，会有使用部门的人员从需求和应用角度提出意见，会有技术或采购人员从标准规范角度提出意见，也有财务或其他部门人员从第三方角度进行合理合规性评估，还有领导的最终拍板。这个过程中，企业会考虑决策的安全性、实用性、共识性、合规性。这是一个组织化的决策制定过程，是一个流程推进、分权制衡的过程。

企业销售人员必须要对参与这样一个采购决策的人员进行分类，逐项检查他们的参与度与影响力大小，看销售对这些人员和影响力的需求满足度、覆盖度，这样才不会像小田一样出现“意外”。

在《赢单九问》一书中，我曾通过真实案例系统讲解过参与决策的四种角色和影响力。在赢单罗盘中，我们结合十年来的实践，将这四种角色进一步细化为九种决策影响力，通过“四角九力”分析影响决策的人员和力量，这个方法能够帮助销售人员更精准地把握每种可能影响决策的角色或影响力的具体情况。

最终决策者

最终决策者就是我们通常说的最终拍板人。在很多采购中，往往会有最终拍板的那个人、最后签字的那“一支笔”，即经济购买影响力（Economic Buying Influence，EBI）。

最终决策者的特点是拥有最终的决策权，一旦做决定不需要再请示其他人。如果很多人说“这事风险很大先别干了”，这人低头想想，说“得干”，那么这个事情就得干。如果大家都说“这事很好，干吧”，他琢磨了琢磨说“这事先放放”，这个事情就真的放下了。最终决策者可以在大家的否定声中拍板，也可以在大家都说好的时候停掉项目。

这类人未必是老板，也可能是一位副总、中层，甚至员工。最终决策者是谁和什么相关呢？和单一销售目标，也就是采购的内容、金额、对组织的重要程度相关。如果是很小金额（如几千元）的物品或软件，可能办事人员就直接决定了。但如果是十几万元、几十万元的解决方案，可能就要老大拍板了。

在本土实践中，一般稍重要些的项目，最终决策者都会上升到高层或者老板。但是高层或老板作为最终决策者，他们有时候不直接参与到细节的讨论中，细节由一位“负责人”来主管，组织考察、形成建议并向老板汇报。而这位负责人，说他没有最终决策权，往往他的建议又非常重要甚至是决定性的。说他有决策权吧，他的意见或建议最终未必真的算数，最终还是老板拍板。

所以，在实践中，我们把最终决策者分为两种影响力。

第一种是真正的最终决策者，我们称之为最终决策制定者（Decision Buying Influence），也就是 Decision Maker，细分影响力英文缩写为 E-DB。他们是当之无愧的王者，相当于扑克牌中的“大王”。

第二种是向最终决策者提出建议的人，他们是这个采购项目的主要负责人，通常说的“主管副总”或“主管领导”，我们称之为建议决策者或提议决策者（Propose Buying Influence），细分影响力英文缩写为 E-PB。他们相当于扑克牌中的“小王”，属于项目中的二把手。

要注意的是，其实建议决策者（E-PB）不是真正的决策者，而是提议或影响权重比较高的使用单位或把关单位中的一员。也就是说，建议决策者很可能是使用者或把关者，有建议决策的作用。

应用选型者

应用选型者就是通常说的使用者或应用者，作为使用单位或使用部门参与需求提出、方案评估、决策意见。他们是需求的源头，应用需求由他们提出，他们是产品或方案的使用者，从而产生业务结果或商业价值。英文中称为 User Buying Influence，即应用购买影响力。

比如，人力资源部购买人力资源管理软件或招聘服务，作为产品或方案的使用部门，相对对于价格的关注，他们更关注此次购买对他们后续工作方式或绩效产生的影响。对他们来说，与价格和规范性相比，易用性、功能、便捷性更重要。

在具体销售过程中，我也发现一种现实情况：有些业务部门主管或主管业务的高层领导，他们不会直接操作或使用所购买的产品和服务，因此他们关注的不是易操作性、功能、易于学习和掌握等基层操作人员关注的问题，而是产品和服务为总体业务运营带来的结果和影响，他们更多是站在管理和商业价值的角度。当然，下属用得好，这些业务部门主管或主管业务的高层领导业绩自然会更好，他们是系统应用的受益者。

因此，在实践中，我们把应用选型也分为两种影响力。

一是直接操作者和使用者，我们称之为直接使用者（Working Buying

Influence)，细分影响力英文缩写为 U-WB。他们是产品或服务的直接操作者和应用者，他们关注操作层面的需求和特性更多一些。

二是不直接操作产品的人，但该业务属于他的管辖范围。若下属部门的直接使用者用得好，他会是应用效果和业务绩效的受益者，我们称之为应用受益者（Benefit Buying Influence)，细分影响力英文缩写为 U-BB。这一类人更加从全局角度、业务运营角度、管理角度出发关注此次采购带来的价值和影响，他们要的是业务结果和应用价值。

在实际销售中，应用受益者如果获得决策者的委任或委托，可能会成为此次采购的主管领导，这时候他同时会成为建议决策者。这种情况下的角色与影响力，主角色用 UB 表示，影响力用 BB 表示，结合起来便是 U-BB。

技术选型者

技术选型不是指懂技术、进行技术评估的人，而是指制定采购和评估标准并把关的人。他们是采购标准和规范的制定者、评审者，即技术购买影响力（Technical Buying Influence)。

技术选型者负责筛选符合标准、要求和规范的产品或方案，他们或许不是业务行家，但他们熟知特定标准，负责严格把关。

他们与应用选型者最主要的区别在于，采购之后他们不会直接使用产品或服务。这种“买完了基本不关我事”的情况，让他们可以没有压力地“公事公办、秉公执法”。

技术选型者不是最终的直接使用者，他们没有最终选择供应商的权力。他们可能以第三者身份参与到评估中，有让销售人员进门、过关的权力。俗话说得好，“他说你行，你不一定行”，而“他说你不行，你一定不行”！

这种否决的权力，足够让很多销售纠结和郁闷了。技术选型者往往是销售过程中供应商最不愿意碰到但又不得不面对的人。销售重视他，有时候“没太大用”，他未必能让销售获得最后的成功。若不重视他，又很麻烦，他很轻松地就让销售因为不符合某个标准而通不过，技术选型者就是在某个特定标准或要求范围内来审查销售的。

这里说的技术选型，并不是“技术”本身，而是某种特定的标准或要求，可能涉及技术标准、财务要求、法务规范、采购流程等领域，所以，为了帮助销售人员在企业级销售中更加清晰实用地划分角色和影响力，我们将技术选型者根据其职权和职责范围分为三种细分影响力。

一是标准把关者，指负责产品和服务相关专业领域内的技术标准或相关规范的人员，英文是 Criterion Buying Influence，细分影响力缩写为 T-CB。以企业生产部购买生产设备为例，标准把关者就是公司的技术中心、质量中心、安全监管、消防等部门的人员。

二是预算支持者，指对预算和支出进行审批的人员，英文是 Finance Buying Influence，细分影响力缩写为 T-FB。预算支持者或拥有相应预算资源，或负责列支预算，或负责审批相应资金，或负责检查资金合规性。预算支持者在很多政府项目和财政拨款中较为普遍。

三是流程审批者，指采购流程的组织者、实施者、主持者，如采购中心、招标办，还包括拟采购方案或文件的部门，如投资审查、法务审核等，英文是 Approve Buying Influence，细分影响力缩写为 T-AB。在实际工作中，他们可能会更倾向于就事论事、公事公办，有种走流程的感觉。

在实际销售中，要注意两种情况。

首先，技术选型者如果获得决策者的委任或委托，可能会成为建议决策者（PB），这种情况下主角色是 TB，影响力是 PB，于是用 T-PB 来表示这种角色。往往是标准把关者（T-CB）有机会成为T-PB 这样的角色。

其次，在一些教育、医疗、政府机构的采购项目中，使用部门（应用选型者）和负责采购项目招标的部门（技术选型者），经常是相互脱离或独立的，两者之间的默契或协同程度不够，或者说负责采购项目招标的部门"过于公开客观"，这样的情况也会造成"想买的没买到，买到的不是想要的"。销售人员如何有效平衡各方，就显得很重要了。

教练/指导者

教练或称指导者（Coach），在企业级销售中是一个非常关键的角色。他们并非大家平时所说的内线或线人，他们比内线更厉害、更有威力。他们能给予销售很多的指导，是销售成功路上的引路人。

教练会发自内心地希望销售成功，并给销售最真实有效的信息，耐心地指导销售如何做后续工作。同时，教练要对销售有非常深厚的信任才可以，这种关系基于教练自身的诉求和价值，因为教练与销售的合作能给双方带来双赢的结果，销售的成功就是教练的成功。

甚至在很多项目中，教练并没有意识到他在做销售的教练，他只是基于自身处境和需求，在努力完成自己的工作职责、追求更高的绩效目标，在他看来销售是他工作中可信赖的伙伴。这是基于客户处境和诉求建立互信、达到双赢的最佳典范。

相对最终决策者、应用选型者、技术选型者三种"与生俱来"的角色，教练是随着销售人员在销售过程中不断接触、不断建立和加强互信而发展起来的。他可能来自客户内部，也可能来自第三方。有哪个人突然跳出来说"我来做你的教练吧"，这样的事情当然不可信。

另外，由于销售在项目推进过程中很少得到客户的"温情"，一旦有客户正面和颜悦色说话，表现出对销售有兴趣，给些内部信息，表现得有些尊重，销售就认为这是他的支持者、教练。真的是这样吗？

真正的教练要能够给销售提供真实、独特、有价值，甚至其他任何地方也无法获得的有效信息，能够帮销售核实相关信息的真实性和有效性，能够评估和反馈关键人的真实态度，并且能和销售一起研讨接下来的策略，对销售的策略和行动计划提出反馈和建议。真正能达到这些标准的教练非常难得，不易碰到。

那么，怎样甄别一个人是不是教练呢？

要判断一个人是不是真正的教练，我总结了“三信”原则。

第一“信”指“你信他、他信你，你们之间完全互信”。销售能不能把你自己知道的事实和信息向教练和盘托出，教练会不会把他所了解的信息毫无保留地告诉销售？二者是不是能针对这个项目做到坦诚相待、知无不言？如果双方有顾虑，不能完全地分享信息，那么这一“信”没有达到要求。

第二“信”指“教练被决策层所信任”。注意，是决策层，不是高层。因为有些项目的决策层未必是高层。为什么要被决策层所信任呢？是要让教练搞定决策层吗？非也！只有被决策层所信任，教练才能及时得到有价值的信息，才能帮销售评估关键人的态度。

第三“信”指“教练对销售有十足的信心，真的希望销售赢”。教练应该能看到销售的专业和诚意，看到销售有实力拿下项目、做好交付、让客户满意。只有这样，教练才会没有顾忌地全心全意和销售一起去赢。如果销售做事情不能让教练满意，表现出的专业度和能力总是不足，教练对销售还会有十足的信心吗？没有十足的信心，他还真的希望销售赢吗？

只有做到这三个“信”，这个人才是你真正意义上的教练。

然而，做销售的人都知道，有这样的教练是件多么不容易甚至是可遇不可求的事情！有多少项目能有这样的教练呢？很多项目没有达到这个标准的教练，不是也签下来了吗？

是的，这是事实。但在越来越复杂的销售中，有一位这样有实力又真心帮销售赢的教练，会让销售的工作事半功倍。也只有有一位这样的教练，销售的工作才更高效，销售才能更容易地获得真实有效的信息，制定出合理的策略。

在实践中能真正达到上述标准的教练确实非常难得。有时候，有人告诉了销售一些独特的信息，然后销售谨慎操作就赢了；有时候，有人给销售支一两招，然后销售照办也很有成效。考虑这些实际情况，结合多年的实战经验，在赢单罗盘中我根据达到的层次高低将教练分为五个级别。

级别一是提供有效信息，指除了自身需求之外，能够坦诚提供与销售情况相关的真实有效的信息，简称为“有效”；级别二是提供独特信息，指提供的信息是通过其他渠道很难获取的，是独特且有价值的信息，简称为“独特”；级别三是评估关键人，指能够清晰地告诉销售项目决策层主要决策者的风格和倾向，能够真实评估关键决策人的态度和真实想法，简称为“评估”；级别四是提出行动建议，指能够指导销售如何更有效地行动，可以针对销售拟定的行动方案给出建议和反馈，简称为“建议”；级别五是全面互信，指双方达到完全互信、无话不说、坦诚相待、一起共赢的状态，简称为“互信”。

这五个级别都是真正意义上的教练，英文缩写为C-CO。在分析客户各个角色时，应对教练进行分级判断，并进行相应的评估和布局应用。需要注意的是，你与客户公司中的人员正常交流，这不算有效级别的教练，只有为你提供那些与销售相关的、比较隐秘或有价值的信息的人才算教练。

在赢单罗盘中，除了上述的教练之外，我们还需要一种人，即客户内部的倡导者，倡导者也是愿意帮助销售成功的人。相对教练的隐藏性，倡导者是可以跳出来说要做这个事情并支持销售的人。实际上，倡导者并不是真正的教练，而是拥护者和捍卫者（champion），在很多项目中倡导者是很有用的，本书中把这类人称为内部倡导者（Advocate Buying Influence），细分影响力缩写为 C-CA。

综上所述，四种角色、九种影响力的定义总结在表 3－1 中。

表 3－1　　四角九力总结清单

角色	影响力描述	影响力缩写
最终决策 经济购买影响力 (EBI)	决策制定者 Decision Buying Influence	E-DB
	提议决策者 Propose Buying Influence	E-PB
应用选型 应用购买影响力 (UBI)	直接使用者 Working Buying Influence	U-WB
	应用受益者 Benefit Buying Influence	U-BB
技术选型 技术购买影响力 (TBI)	标准把关者 Criterion Buying Influence	T-CB
	预算支持者 Finance Buying Influence	T-FB
	流程审批者 Approve Buying Influence	T-AB
教练/指导者 (Coach)	指导教练 Coach	C-CO
	内部倡导者 Advocate ing Influence	C-CA

这些角色和细分影响力，是在较为复杂特别是企业级解决方案采购过程中，都会出现的。无论你是否直接接触过他们，企业内部在销售项目的决策过程中，这些人都会参与意见，直接或间接影响购买决策。

对任何一个潜在角色的忽略都可能意味着不确定性或风险。对任何一种角色或影响力的忽略都将成为销售前进路上的地雷，或者在不知道的情况下引爆，或者在最后一刻才知道他是负面评价者或反对者。

列出这些角色，并不是说每个角色都要去拜访、搞定，销售也很少有这样的精力。实践中有些可以直接拜访，有些通过教练了解，有些在沟通中经过提问探索确认，有些通过经验加观察的方式推测验证。扫描这些角色和影响力的存在及他们的态度，销售便可以据此列举出影响结果的相关因素，直接或间接施加影响。

我们控制着看到的因素，却被背后的未知控制着。变未知为已知，变不确定性为确定性。君子防患于未然。

演练

1. 就之前所选择的单一销售目标，分析并判断客户中的相关角色。

项目名称：________________________________

单一销售目标：______________________________

四角九力分析

最终决策者

决策制定者（E-DB）：__________提议决策者（E-PB）：__________

应用选型者

直接使用者（U-WB）：__________应用受益者（U-BB）：__________

技术选型者

标准把关者（T-CB）：__________预算支持者（T-FB）：__________

流程审批者（T-AB）：__________

教练/指导者

指导教练（C-CO）：__________内部倡导者（C-CA）：__________

2. 你的项目还缺少哪些角色？

缺失的角色：______________________________

原因：______________________________

不确定的角色：______________________________

原因：______________________________

还可能出现的角色：______________________________

原因：______________________________

13. 参与影响

小李最近跟进了一个销售机会，客户准备为销售团队选择一套培训方案，以提升团队销售能力，更好地实现新推出的智慧产品的推广目标。

和小李接触的是人力赵总监，从最初接洽到双方公司的互相介绍、需求沟通和调研，再到后来的方案汇报和预算沟通，一直是赵总监和小李联系。小李也知道需要了解业务部门的需求、业务领导的想法和期望，可每次提出这个想法，赵总监总是能够针对这些需求和想法给出一些比较真实、客观和全面的反馈，确实感觉“也不需要”和业务部门的领导及员工沟通了。

在提交方案、报价后，客户就对方案和预算产生了很多顾虑，然后开展了长达月余的沟通，迟迟不见结果。小李也知道，应该去了解和覆盖“那些”角色，可客户人力部门的人能够告诉他较为真实、全面的信息，“那些”人也确实很忙，把一切委托给了赵总监。真到做决策的时候，赵总监总说再想想，再商量商量，再与内部沟通下。小李怎么也推不动了，这让他感觉很郁闷。

那么，问题出在哪里呢？

通过“四角九力”的分析，我们知道客户的决策会受不同角色和影响力的影响。小李在推进过程中也关注了这些因素，也都在通过赵总监探索和了解。可是，到底是赵总监说了算，还是“那些”领导说了算？既然是“那些”领导说了算，他们又为什么不和小李直接见面交流呢？

在采购过程中，客户每个角色的影响力大小一样吗？当然不一样。每个角色参与的程度一样吗？有人深，有人浅，有人不怎么参与，有人却特别热衷。是什么因素决定了一个人的权力和影响力大小？是什么因素决定了一个人参与度的高低呢？

客户中某个人的影响力与什么有关呢？

与职级相关。一般情况来说，职级高的人，影响力会比较大。

与资历相关。有的人职级不高，但资历很深，他知道的多，经历的多，看到的多，在该领域中他的资历很深，所以影响力也会比较大。

与专业相关。以企业生产负责人为例，当他不再担任生产负责人的职务时，生产中遇到设备、工艺等具体细节问题大家还是会找到这位生产负责人询问。有些人在专业领域研究和积累多年后会有很大的话语权，即影响力。

与个人风格相关。有的人比较强势，愿意参与事情，喜欢控制事情，影响力就大一些。有的人比较随和，关注和谐的人际关系，不愿意去控制太多事情，他的影响力会稍小一点。还要具体问题具体分析。

同一个决策影响者在不同项目中影响力未必相同。同一个决策影响者在相同项目中影响力也不是一成不变的。一个人的职级、岗位、专业度、权力、角色等都在发生变化。

判断一个人的影响力时，我们会根据这个人对项目影响力的大小分成高中低三个级别。同一个级别的影响力，原则上是在一个维度和深度上。

四角九力所覆盖的人员，谁都有权力影响你，谁都可能影响你的销售进程和最终决策结果，只不过要看他们是不是跳进来参与了这个项目。同一个人在销售进程的不同阶段，影响力通常是相同的。但在销售的不同阶段，其参与程度可能不同。一个人是否参与这个项目、参与的程度与什么相关呢?

与工作内容相关。如果一件事情是他的分内之事，他理应参与其中。比如，一家生产企业，生产线要进行技术改造，要选一家技术供应商，生产部部长肯定要参与的，因为这事和他的工作内容直接相关。采购部部长可能也要参与，因为选供应商、买东西这个事情就是采购部的工作职责。

与专业水平相关。可能销售项目涉及的议题与一个人所在的部门、岗位并无关系，他也没有相关的权力，但是他有相关专业的经验积累，有可能会被请来参与到项目中。所以，当一个人具备专业水平，未必有相关职位、岗位职责，他也可能会参与到销售项目的决策中来。

与优先事件相关。如果这件事情在当下是最重要、最紧急、最优先的，那么很多人都会卷入其中，被要求高度参与。在销售中，销售要了解客户当下最重要、最紧迫的关注点是什么，客户发生的最大变化是什么，这些会影响一些相关角色的参与度，这是可以分析或者预判出来的。

与内部政治相关。有人的地方就有江湖，有人的地方就有政治。人多了自然会有区分，或按部门，或按职责，或按风格，或按性格，或按利益，形成不同的团队或不同观点的支持者。此外，组织需要多人分工协同完成工作，而在分工协同的时候，大家有互相配合的关系，也有相互制衡的关系。俗话说，屁股决定脑袋，坐到这个位置上的人可能会有这样的观点，负责那件事情的人或许就会有那样的看法。从人际方面来看，不同的人由于风格、观点、习惯甚至价值观的不同对不同事情的看法各异。甚至某两个人之间原本就有些微妙的关系。这些也是销售中可能关联到的重要因素。

与决策流程相关。采购决策的流程走到哪个部门、哪个人，相关人员就应该参与，这是决策流程所决定的。同时，有些事项可能事关重大，可能领域特殊，可能关系复杂，需要由另外的不同部门、层级、业务线的负责人参与决策，那么，这就又决定了那些人的参与程度有所变化。

同一个角色在项目的不同阶段参与程度也不尽相同，并不是从始至终都高度参与。有可能他是中间临时参与一下，或者参与部分内容之后就不再参与，每个人的参与度都在变化之中。

分析决策影响者的影响力大小，才知道谁真正握有大权，谁表面看起来威严实际对结果影响没那么大。就像两军对垒，一方必须知道另一方的司令部设在哪里，重兵部署在哪里。精准分析形势，才能利用信息制定有效策略。

分析决策影响者的参与度，才可以看清哪些人出面组织接洽，参与度高；哪些人会阶段性参与，提出需求；哪些人会在适当时候参与评估；还有哪些人现在没出现，但后期可能会参与进来。这样销售看到了全局中的人，手中也就有了“牌”，在制定策略时可以有更多路径和选择。

从参与、影响两个维度结合来看，会发现更多奥妙。影响力大的人同时也是高度积极参与者吗？可能会是，也可能对项目有较大影响力的人反倒参与度不高，而让下属来协助处理。影响力不大的人，是不是就不参与呢？未必。人都有希望得到关注、尊重和认可的天性。正是因为没有太大影响力，他们反而更积极地参与其中，觉得不能被供应商小瞧了。

影响力和参与度，单独识别两者，进行清晰判断，对决策角色分析至关重要。关联组合起来分析，更能分析现状、认清事实。影响力和参与度，是一个角色的势能。顺势而为，因势利导。

演练

1. 就之前所选择的单一销售目标，分析并判断客户中相关角色的参与度与影响力。

项目名称：________________________________

单一销售目标：____________________________

客户角色

决策影响者：____________角色/细分影响力：____________

参与度：____________影响力：____________

决策影响者：____________角色/细分影响力：____________

参与度：____________影响力：____________

决策影响者：____________角色/细分影响力：____________

参与度：____________影响力：____________

决策影响者：____________角色/细分影响力：____________

参与度：____________影响力：____________

决策影响者：____________角色/细分影响力：____________

参与度：____________影响力：____________

决策影响者：____________角色/细分影响力：____________

参与度：____________影响力：____________

2. 在上述角色及参与度、影响力分析中，选择其中三位典型人物进行分析练习。

影响力高的是：____________原因是：____________

影响力低的是：____________原因是：________________________

参与度高的是：____________原因是：________________________

参与度低的是：____________原因是：________________________

3. 请思考列出的人员中同一角色的参与度与影响力有什么关系。

影响力高的是：____________其参与度：______________________

原因可能是：____

影响力中的是：____________其参与度：______________________

原因可能是：____

影响力低的是：____________其参与度：______________________

原因可能是：____

14. 反馈支持

我的一位朋友是公司创始人，经过多轮考察与反复分析，他准备投资参股一家有业务关系的公司。在他看来，自己的公司积累了一定的客户资源，而参股这家公司能够有效弥补现有产品的不足，为客户提供更完善的解决方案和服务，给公司创造交叉销售机会。

对于这件事，创始团队成员的意见却不太一样。

业务与营销合伙人认为这是好事，目前公司产品单一，竞争中经常被对手打压，做得很吃力。投资那家公司后产品更加丰富了，有助于完成业绩目标。产品与研发合伙人则认为，技术和产品是一个整体，两家公司的技术路线和产品架构不一样，很难有效整合，不是一个整体未来会很麻烦。负责服务的合伙人觉得，现有产品维护起来就很忙了，新产品由谁来维护？如果再让他负责，那就真干不过来了。行政和人力合伙人认为双方除了文化的融合和工作上的协作之外，其他无所谓，毕竟还要独立运营，不会合并的。

同样一件事情，为什么四位合伙人的意见会不一样呢？

可以感受到，每个人都是从自己角度考虑问题。大家源于自己负责的工作、自身的处境及参股对自己未来工作方式与内容的影响来对这件事情进行判断。所以大家会有不同的态度。

在客户的采购决策过程中也有类似情况。客户中的每个人都会从自身角度思考这个项目或决策，从自己的角度出发判断现在的情况、决策做出之后可能的情形，从而形成了对项目的不同态度。大家这种对处境或变化的态度称为反馈模式，在国外叫作采购影响者的反馈模式（Buying Influence Modes）。

反馈模式是指客户身处当下处境的感受，是对于"当下处境"和"未来期望"的一种态度。这种态度首先基于自身处境，一方面，个体会考虑现在是不是很好、有没有问题、有没有压力；另一方面，每个人又面向未来，他们的反馈体现了对未来的一种期望，自己有什么想法，想怎么样。对未来的预期，也可能是对实施某个方案之后变化的预期，比如采购了这个产品、方案、服务之后会怎么样。这种预期可能和销售本人有关系，也可能和销售本人没直接关系。

可以用两条线来表示客户的几种不同反馈模式。第一条线代表客户对现实的感知感受，对当下处境的看法。第二条线代表期望，是客户期望的情况、期望达成的结果，是客户期望"当下原本是什么样"或"未来应该变成什么样"。

两条线的交叉反映客户对现实与期望的认知不同，从而形成四种反馈模式。

如虎添翼

针对要决策的某个事项，客户认为自己现状不差，期望未来越来越好。

本身已经是“老虎”了，感觉现实没什么压力、问题、障碍，但是有更好的想法，期望越来越好。老虎还希望长一对翅膀呢！这种反馈模式叫“如虎添翼”，国外叫作增长模式（Growth），缩写为G，意指对现实的感知不差，期望越来越好。

现实的线是平的，不做改变也没有问题。期望的线是向上的，代表希望更好、更快、更强，如更高的效率、更好的质量、更高的收入等。而期望与现实之间的差距，就是客户期待发生的改进，也就是销售服务客户的机会。

如虎添翼的态度代表客户有想法、有期望，采取行动的可能性比较高。这是几种态度中最易于销售的对象。为什么呢？首先客户的现实状况不差，不改变也可以，没有太大压力，不会“病急乱投医”。其次客户有想法，也就是说意识到了差距，有诉求，有欲望，会积极主动地思考并采取行动。

如虎添翼不是指公司整体要发展，要越来越好，也不是个人想要成长，而是针对要决策的事情而言的，是指针对一个特定事件的态度。就像上面的案例中大家关于参股投资一家公司的问题态度不一样。

这种反应和态度，是从自身处境、自身利益、自身动机和诉求出发的，所以这种态度必须是某个角色的。并且，不同角色的态度会不一样。销售要考虑的是，你的建议和方案能不能帮客户减少甚至消除现实与期望之间的差距？

亡羊补牢

本来想平平稳稳过好日子，结果现实出了问题，给自己带来了损失，如果不改变，问题可能越来越严重。就像羊圈出了窟窿，如果不及时补上，恐怕一圈的羊都要丢了。这种反馈模式叫“亡羊补牢”，国外称这种反馈模式为困境模式（Trouble），缩写为 T，意指期望平平，现实却出了麻烦。

期望的线是平的，没想要更好，想按部就班、顺其自然、平平淡淡就可以了。可是现状出了问题，一些情况的发生导致现实的处境变得很差，如果不改变会越来越麻烦，问题会越来越严重，损失会越来越大，个人的感受会越来越糟糕。也就是期望平平，但现实变得越来越差，陷入了困境，有麻烦要解决。

亡羊补牢模式下客户会很急切地购买，因为公司必须止损，尽快摆脱当下糟糕的状态和感受。客户的急迫对销售来讲可能是好事，因为急迫的问题更容易让人采取行动，却又未必是好事，因为客户不一定买你的，谁最理解他们的问题，谁能帮他们解决问题，客户就会买谁的。

客户不一定会买最便宜的。举个例子，企业有一种采购叫“紧急采购”，比如，生产设备正在运行过程中，突然有个配件出现了一些问题，如果不马上更换，将面临大面积停工，会造成很大的停产损失，这时候如果库里没有备用件，需要马上采购这个配件，就是紧急采购。紧急采购首先关注的就是速度，速度要快，晚了意味着损失；其次关注质量；最后关注价格。

亡羊补牢模式下客户不是要最好的，而是要最能解决问题的产品或方案。他们最想要的是解决问题，而不是考察先进的技术、顶级的应用。对于急切想解决问题的客户，跟他们谈技术优势、平台的先进都难以奏效，客户的关注点在那个麻烦上，心里就想知道这个问题怎么解决。

销售关注的就是客户期望和现实的差距，而在亡羊补牢模式下的差距是期望平、现状差引起的，不解决麻烦就会更大。所以销售要考虑的是，你真的知道客户的问题在哪儿吗？你能帮客户定义问题、提供解决方案吗？你的建议能减少乃至消除客户现状和期望之间的差距吗？

我行我素

有一种态度叫知足常乐、无欲无求。针对某件事情，你对现状满意吗？还可以，现状也没什么不好的，知足常乐。你对未来有什么想法吗？没什么想法，俗话说，没有欲望就没有痛苦。觉得现状没什么不好，对未来也没什么期望，这种态度叫作“我行我素”，英文的说法是平衡模式（Even Keel，EK）。Even Keel 原意是指造船时船头和船尾之间有一根水平的木头用来保持船的平衡。

我行我素模式下期望的线是平的，没有想更高，保持不变就可以。当下现实的线也是平的，不好不坏，没有什么麻烦，也没有好过自己的预期，没感觉到缺少什么，更多的也不想要。这种情况下，客户表现出的态度是觉得现在挺好的，没必要改变什么，对一些事情我行我素，事不关己。

我行我素模式下现实和期望之间没有差距。这种人很难积极主动地采取行动，对当前所讨论或要决策的事情、准备采取的行动是消极态度，觉得现在挺好的，最好不要改变。

他根本不在意你的建议方案，觉得和他没什么关系。此外，他认为你的方案和建议或者公司这次采购决策会改变他良好的现状，甚至成为破坏他当前良好状态的祸根。他会觉得：“现在挺好的，你们一变，会导致我处境发生变化，我就又有事了，真是吃饱了撑的没事找事！”

销售必须了解客户真实的处境和想法，通过沟通和客户保持认知同步。对于这类态度的客户，销售要关注的是，用什么方法或者计划使之转变“我行我素”的态度。

班门弄斧

谈什么，都不如现在好；说什么，都黯然失色；怎么做，都是班门弄斧。这类人对现状的感觉非常好，感觉超过了预期，不需要任何改变，一旦改变就会不如现在。这种态度叫“班门弄斧”，英文中的说法是过度自信（Over Confident，OC），意指现状好得超越了预期，对现状非常满意，是一种自满甚至自负的状态。

期望的线是平的，没特别高的期待，而现实大大好于期望。比如，希望考70分，结果成绩一下来，发现考了90分，有种喜出望外的感觉，觉得现状非常美好，严重超出了自己预期。在这种情况下，他希望保持这种现实和感觉，拒绝任何改变。再去学习？不可能！要改变？他会觉得谁需要你的建议和产品啊！

拥有这种感觉可能源于较低的认知水平、有限的信息量，也可能源于对现实缺乏真正的了解或者存在误判。另外是期望值过低，现实稍好一些就很知足。“班门弄斧”的态度还可能源于抗拒变化，这类人不愿意改变，不愿意接受新鲜事物，更希望现有的美好现状保持不变。如果你试图和他探讨，他会说：“我们比别人强多了，改变什么啊，要改变说不定还不如现在呢！”

持有“班门弄斧”态度的人，行动的可能性为零。他抗拒改变，不会接受销售的建议，不允许别人做出任何破坏当前良好状态的事情，不会购买。他觉得现在状态非常好，不允许别人改变这种感觉和状态。这种态度是销售路上的障碍和阻力。针对持有这类态度的人，销售要思考的就是如何将他拉回现实。

以上讲了如虎添翼、亡羊补牢、我行我素、班门弄斧四类态度。每一位采购决策影响者，当面对销售提议的方案以及在做出采购决策时，都有可能是其中的一种。

反馈模式与特定的单一销售目标相关。以买房子为例，你可能因为现在的房子有些小，加上刚有了小宝宝实在住不开了，为了回避麻烦、解决问题而购买，是为了解决自住的问题，这种情况就是“亡羊补牢”的态度。如果是为了投资买房子，就不是为解决问题而买房子，是因为有更高的期望，这种情况是“如虎添翼”。将房子换成车，考虑要不要换一辆新车这件事，态度则可能会变成无所谓，现在也挺好的，那么就是“我行我素”了。针对不同的决策目标，一个人的态度也是不一样的。

反馈模式不能反映一个人的总体态度和总体性格。有人天生爱做梦，不代表他就特别希望做出改变，对所有事情都期望更好。有人天生忧心忡忡，不代表他对每件事情都充满顾虑。

不同反馈模式的紧急程度也不相同。有人很着急，有人无所谓，有人觉得不做才好呢。这些会影响采购的紧迫度，销售人员的应对策略也要相应地进行调整。

反馈模式是购买者的感觉，不是销售自己的想法。不是销售觉得客户可能有这样的需求、处境，或者销售觉得客户有这样的问题要解决，而是客户自己的真实感觉。

销售要理解每位采购影响者的反馈模式。理解每个人的态度，才能针对不同模式制定相应的策略。比如，有人急迫地想改变，你应该怎么办？有人觉得无所谓，你应该怎么办？有人觉得瞎折腾什么啊，你又应该怎么办？应对策略不一而同。

每个人都会根据自身处境做决策。切忌臆断客户的感受。

演练

1. 就之前所选择的单一销售目标，分析并判断客户中相关角色的反馈模式。

项目名称：____________________

单一销售目标：____________________

客户角色

决策影响者：__________角色/细分影响力__________

反馈模式____________________

决策影响者：__________角色/细分影响力__________

反馈模式____________________

决策影响者：__________角色/细分影响力__________

反馈模式____________________

决策影响者：__________角色/细分影响力__________

反馈模式____________________

决策影响者：__________角色/细分影响力__________

反馈模式____________________

决策影响者：__________角色/细分影响力__________

反馈模式____________________

2. 在上述角色分析中，选择其中一种典型反馈模式进行分析。

反馈模式是如虎添翼的是：__________原因是__________

反馈模式是亡羊补牢的是：__________原因是__________

反馈模式是我行我素的是：__________原因是__________

反馈模式是班门弄斧的是：__________原因是__________

15. 支持程度

小张的宝宝要上幼儿园了。有几个选择。有离家比较近的，这样接送比较方便。有正规公立幼儿园，但离家远，带教宝宝的质量没得说，就是接送起来太麻烦。也有所谓贵族幼儿园，看上去老师比较有耐心，一个老师只看几个孩子，但收费很高。对于上哪家幼儿园，家人有不同意见。也有老人说："能不能不上或晚些上啊，我们先自己看着吧。"

家人的想法不一样，有的关注"带教质量"，有的希望"接送方便"，有的想要"正规"。当面对去哪家幼儿园的选择时，家里每个人的赞同和支持程度也不一样。

这种情况在企业级采购中经常发生。

在企业准备采取变革或实施新方案时，可能会有多家公司提供多套方案，对于选择哪个供应商的方案，大家的想法未必一致。当面对采购哪家供应商的方案的选择时，每个决策者的支持程度也是不一样的。

在这里，我们用支持程度来表示每个采购决策影响者对我方的支持或反对情况。

反馈态度源于对事情的看法，支持程度与不同厂商有关。所以，支持程度描述客户对我方的支持情况。这个人是支持我方，是反对我方，还是保持中立？支持或反对的程度有多深？如何判断？对我方会有什么样的影响？

我们用从－5 到＋5 之间的 10 个数字来表示 10 种支持程度。

＋5：热情拥护

坚定地支持选择我们。如果不选择我们，他宁可不做。这种支持度的人拥护我们成功，敢于在内部明确表态，坚定地说出明确的意见，积极影响他人，并对不同意见进行强力反驳。

＋4：大力支持

大力支持选择我们。非常认同我方的优势，愿意为我方的成功做出各种积极的努力，敢于当众明确支持，通常会抵制选择我方的竞争对手。

＋3：支持

支持选择我们。从具体行为和态度中能感受到，他支持我方的态度是明确的，不会顾及别人怎么看他，会当众表达，也可能会把我方推荐给其他客户，愿意帮助我方取得成功。如果外部压力过大，他可能会放弃自己的意见。

＋2：感兴趣

对我方的某些方面有兴趣。对我方有积极正向的期待，比较有兴趣和好奇心，希望有更多更深入的了解，有进一步沟通交流的想法。

＋1：认知相同

与我方在某些方面看法一致。这些方面往往是客观事实，他的看法也是基于事实的看法，他的态度比较表面，属于基本持有相同意见，不会支持但也没有反对意见。

－1：应该不会拒绝

双方有过接触，但还没有深入交流，仅是表面和礼节上的交往，或者没有正式谈及项目的事情。从其本人的言行、职位、处境和交往来看，他应该不会反对或拒绝选择我方，仍需要多方面验证。

－2：不感兴趣

对选择或实施我方的方案没什么兴趣。从交流过程以及他的状态来看，他对现实的看法、对未来的预期并不深入，也没有开放的态度，对我方没什么兴趣和耐心，对选择我方无所谓或者认为我方不是最佳选择。

－3：负面评价

会对我方做出负面的评价，在客户公司的内部会议上、在和其他同事讨论中，或者当面明确指出我方的劣势和不足。他的评价会带来负面影响，影响他人对我方的认知，从而削弱我方的努力、形象或竞争力。

－4：抗拒建议

不接受我方的方案或建议，抵制甚至抗拒我方的方案，根本不能接受。敢于当众抵制，向决策者明确表达态度，并且与其他支持者产生对抗，把选择我方视为对他的威胁。

－5：支持对手

不仅坚决抵制选择我方，而且明确支持选择其他供应商。从内心、态度以及行动上明确支持我方的竞争对手，希望竞争对手成功。把选择我方看成他的极大失败和损失。

以上所描写的 10 个层级表明了不同的支持或反对程度。原则上，＋3～＋5 属于支持的范畴，－2～＋2 属于中立的范畴，－5～－3 属于反对的范畴。

支持程度不是对销售个人的态度，而是对销售所提出的建议和方案的反应。不能觉得他和你关系好，每次都和你吃饭、喝茶、聊天，你们是朋友，你就相信对方一定会支持你。“朋友”仅仅代表你们的个人关系，并不能代表他会支持你“赢下这个项目”。

客户的支持程度也不反映对你的公司的态度。可能因为你们是大公司、行业龙头、业界名企，他愿意和你所在的公司接触，但未必就一定会支持你成功。可能他希望接触知名公司来增加自己的经验和阅历，你的公司有很多专业的资料和工具可以给他参考，但这些都不是对你的真正支持。

谈支持度，要回归到销售本身，回归到单一销售目标，看客户公司中这个人对项目的看法。要看他对你做这件事情是否支持，所以，关系好不等于支持你，欣赏你的公司不等于支持你的方案。

支持度没有零，因为总会有赞同或反对的意见。客户对我方或多或少都有些了解，对于是否选择我方，内心一定会隐隐有些感觉。

支持度不能仅凭销售的感觉，需要用证据证明客户公司中这个人的支持度，证据可能包括具体事件、具体情境、客户行为。比如，客户的支持度是＋3，那么要拿证据证明什么时间什么地点他说了什么话做了什么事能证明他的支持度是＋3。不能靠感觉，认为“我觉得他应该支持我”，要用具体事实说话。

没有接触过的角色，要标示为警示。不能臆断，不能猜测，不能凭感觉，更不能因逃避心态不愿直视，要通过与客户的沟通和探索或通过第三人了解这个人的真实态度。要基于这个人的处境与动机判断其态度，判断要符合逻辑和常理，有理有据。

公司或销售团队在实施支持度分级这套方法时，对支持度应该有明确且统一的标准，销售团队的同事对每个数字背后的含义应有一致的标准。

在实践中，－3、－4、－5 多了会有风险，这显而易见。我们需要更多的＋3、＋4、＋5，支持者多了当然好，但支持者太多可能也不正常，这种情况下就要思考我们看到的是真相吗？这么多人真的同时支持我方吗？我方如何应对和确保这些人的支持？爱你的人多了，也有挑战。

我们需要转变谁的态度使他变成支持者，让谁变成中立的态度，削弱哪些反对者，这是策略销售中很重要的内容。

谁是支持者，这是赢单的重要议题。有支持者，才能赢单。

演练

1. 就之前所选择的单一销售目标，分析并判断客户中相关角色的反馈态度。

项目名称：________________________

单一销售目标：____________________

客户角色

决策影响者____________ 角色/细分影响力____________

反馈态度____________ 支持程度____________

决策影响者____________ 角色/细分影响力____________

反馈态度____________ 支持程度____________

决策影响者____________ 角色/细分影响力____________

反馈态度____________ 支持程度____________

决策影响者____________ 角色/细分影响力____________

反馈态度____________ 支持程度____________

决策影响者____________ 角色/细分影响力____________

反馈态度____________ 支持程度____________

决策影响者________________角色/细分影响力_________________

反馈态度__________________支持程度_________________________

2. 在上述角色分析中，选择其中不同支持度的人进行分析。

态度支持（＋3～＋5）的有：__________判断依据是：__________

态度中立（－2～＋2）的有：__________判断依据是：__________

态度反对（－5～－3）的有：__________判断依据是：__________

16. 结果与赢

公司准备采购一套办公系统，来处理发文、签到、请假、报销、审批等工作。随着团队规模的扩大，管理层感觉事情越来越繁琐，沟通中经常忽略或丢失很多重要信息；考勤、出差、报销等工作的处理，行政部和财务部也感觉工作量越来越大。总经理认为是时候引入一套工具了。

业务人员小李在公司工作半年多，业绩总体来说还可以。他觉得自己平时很忙，市场推广、客户沟通、内部协调……事够多了。公司要求采用这套工具，虽然也会提高他报销的效率，但要求他每次出门拜访客户都要在系统中签到，每次出差都要记着在系统中请假，每笔报销都要在系统中录入。他知道做好这些，可以给行政、人力、财务部门节省大量时间，也对老大看他的拜访记录、做销售管理有好处，但他还是觉得这件事情有些烦人。

对公司的管理、总体的运营效率以及一部分岗位和人员来讲，引入一套办公系统可能确实是一件好事。对业务人员小李来说，虽然在节省时间、提高效率等方面会有一点帮助，但工作的“自由度”受到了限制，每次外出都有种被“监控”的感觉，他感觉不被公司信任。从内心深处，小李不太支持引入这套系统。

客户做决策的理由是什么，客户选择背后的动机是什么，客户身上的热键又有哪些？

为什么我们的产品很好对方却不买呢？我们的解决方案很有价值，都被样板客户证明了，客户为什么不选择呢？为什么客户总找各种理由？为什么客户总做自己认为正确的决定而不听我们的建议呢？

就像这家公司的总经理、行政部、人力部、财务部以及小李一样，做采购的时候，不同人会从自己的岗位和处境出发，判断、评估方案或产品对自己的那一部分工作带来的帮助和价值，大家都是从个人感受和诉求出发评估采购结果为个人带来的价值的。

有些事情对公司有好处，但员工个人觉得未必有价值。

我们把产品和解决方案带给公司的组织价值，以及带给个人的价值、满足个人的动机诉求分开来看。

业务结果

我们为客户提供的产品或解决方案，可能是设备、生产资料，可能是知识、管理思想，也可能是各种工具。我们提供给客户的产品、方案或服务会帮助客户改变工作流程和工作方式，如改变客户的物流系统、生产系统，改变客户的成本管理、质量控制乃至内部的沟通和记录方式。

客户业务流程的改变将为整个组织带来价值，可能是降低成本、开源节流，可能是加强控制、提高团队工作效率。通过应用产品方案，客户业务流程得到改善，从而带来业务结果、创造企业价值，这也是很多组织在进行产品定位、业务设计和客户需求洞察的时候，进行过深入思考的。

业务结果是解决方案对公司业务产生的积极影响，是可测量的，并且是公司层面的，会影响公司内的很多人。业务结果是解决方案为公司带来的可以计算收益价值、投资回报的量化结果。我们可以计算出来因工作效率的提升、成本的降低、收入的增加而新创造了多少价值。

问题是，产品和方案可以优化流程、产生业务结果、带来价值，为什么还会有客户不买呢？为什么不是所有客户都对这些价值有兴趣呢？背后的原因是什么？

个人赢

我们在卖，对方在买。对方的决定是由很多个“个人”共同做出的，而非公司做出，销售最终还是要回归到人上。

再来看看人是怎么做决定的。每个参与采购的影响者都会有特定的决策影响力，这种决策影响力和很多要素相关。是什么在左右这些影响力？是每个人的个人处境、动机、诉求和价值。

人人都源于自身思考，都会做出利己的决定。每个人都有自己的处境，在这个处境下，他们基于自己的岗位、角色、身份会有自己的独特想法、独特诉求和独特价值取向。这种基于个人动机、诉求和价值而做出判断的行动，就是个人赢。

个人赢是在成就感、归属感、脱离痛苦、避免损失等底层动机之上基于个人当下处境的诉求与价值取向，是驱动个人做出决策最核心的力量。个人赢就像自行车的后轮，驱动“业务结果”这个前轮。个人赢基于个人的处境、认知和期望，是个人化的、无形的，是不可量化的。

考虑业务结果的同时要考虑个人动机。在购买中没有人会就事论事地只考虑产品或方案为公司带来的价值。每个人的态度都源于个人动机，销售人员在分析业务需求的同时，不能忽略个人赢，这是购买的原动力。

结果不等于赢。不要把结果当作赢，不要认为你的方案好、产品好客户就会买，不要认为产品方案对客户有价值客户就应该买。每个人都是一个独立的个体，都有自己的处境，有自己的购买理由，有自己的个人赢。销售不能把业务结果强加于每个人的个人赢上。

不要把你以为的赢当作对方的赢。在销售中非常普遍的情况是，很多销售一上来就说："这个主任啊，我知道，他就喜欢喝酒，我给他两箱酒就能搞定他。"他会因为两箱酒而支持你吗？两箱酒和他的自我成就、个人安全性以及他的个人专业度和未来成长相比，哪个更重要？他真正在意的是什么？还有很多销售会说："这人无非就是这点儿想法！"这里的"无非"害死人。

不要臆断对方的赢。个人赢是冰山下的，是深藏在客户内心深处的，没办法轻易了解到。我们在不了解时把自认为的观点强加给对方，知道对方是什么感受吗？

同一角色会有多个赢，多个赢会有优先级。因为一个人不会只有一种诉求，如清闲的工作、领导的赏识、丰厚的收入、个人的成长、良好的声誉等，可能都是一个人追求的。不同的情况下，他会根据他的处境、想法以及价值观去选择最主要的那个。

在实践中，我们把客户的业务结果或个人赢用四种状态来描述。

共识

共识是指客户已经明确表达，并且我们已经很清楚知道的客户的业务结果（或个人赢），客户也已经看到我方的能力和优势，知道我方将如何帮他达成业务结果（或个人赢），双方对彼此的期望、能力及预期可实现的结果达成了共识。

明确

明确是指客户已明确表达了其业务需求、期望的业务结果（或个人赢），我们已经清楚理解了客户的需求和业务结果（或个人赢），双方已经沟通清楚，而客户还未认同我们的能力。

常理

常理是指，一般情况下同类岗位和角色的人员在项目中都会有类似的业务结果（或个人赢）。比如，成本负责人都希望降低成本，销售团队负责人都希望完成业绩。常理是销售基于经验的推测，并非客户明确表达过的。

不清

不清是指销售人员还不清楚客户的业务结果（或个人赢）是什么。

在销售中，我们需要针对每个决策影响者的“业务结果”和“个人赢”分别判断，用清晰、简洁的文字描述他们的业务结果和个人赢是什么。同时，使用上述四种状态和级别分析评估，看销售过程是在什么程度上，接下来应该如何明确客户需求、如何达成共识。这也是销售努力的方向。

只有当产品或解决方案既能给公司带来价值、给组织带来业务结果，又能满足相关人员的个人动机、诉求和价值（业务结果与个人赢对应起来）时，这个人才会真正支持你。

如果销售只能带来业务结果，与个人赢没有关联，客户公司中的这个人将很难采取行动支持我们。真正的决策动机、个人影响力的发挥、个人决策的倾向性都源于个人动机，是冰山下的个人赢。

正如本节开头讲的例子，公司要买一套办公系统来提升沟通效率，对公司有价值，因为每个人的工作量可视化、工作状态可视化、沟通更加及时。但从个人角度讲是不是每个人都愿意用这样的工具呢？未必。因为员工会有自己个人层面的动机：“用上这个系统之后领导给我派活儿更方便了，领导能看到我的定位了，领导能看我每项工作的进度了，半夜十一点领导发个消息，我就得处理。”他会感觉自己的时间、状态甚至空间都受到了影响。在这种情况下，购买办公系统这件事对公司有价值，而个人未必特别愿意使用。

思考对购买说了算的关键人（如总经理）要的又是什么？其个人赢是什么？他对于购买的态度是积极还是消极？中层领导或基层员工（如销售部经理、业务人员小刘）要的又是什么？他们的个人赢是什么？他们对于购买的态度是积极还是消极？

大家很少说出自己心中的“个人赢”。那么销售如何知道对方的赢呢？

可以直接询问，但不是一上来就问：“你的个人诉求是什么？”有句话叫“交浅不言深”。刚刚接触，谁会把内心深处最真实、最私人的想法马上告诉一个陌生人呢？销售应该在双方有了很好的信任基础、对业务现状和期望有了深入沟通并达成共识的基础上，通过交流了解每个人内心对项目的想法。销售可以请教教练，他能够帮助评估关键人，给予一些有价值的信息。销售也可以推测并验证。走的路多了，见的人多了，甚至吃的亏多了，有可能凭经验预测和推测出来。推测与臆断不同，还是要基于交流去推测并验证确认。

销售成功的更高境界，是客户真心满意，愿意长期合作、重复购买，他们把你热情推荐给其他人。只有满足业务需求，组织产生业务结果和价值，这个项目才有商业价值；只有满足个人赢，帮助个人达成目标，才会彼此成就，真正实现双赢。相信每个销售都经历过一些经典案例，客户中某些角色因为和你合作，获得了非常好的工作成果，被领导提拔了，在业界名声大了，于是你们关系更深了。这就是双赢。

销售不能仅盯着那张订单，还要想客户究竟要什么，每个人内心的真实想法是什么，如何满足客户的业务需求、组织价值，如何满足客户个人的诉求。

业务结果和个人赢缺一不可。

演练

1. 基于之前所选择的单一销售目标，分析并判断客户中相关角色的反馈态度。

项目名称：________________

单一销售目标：________________

业务结果与个人赢

决策影响者：________________

业务结果（描述）______程度：□共识 □明确 □常理 □不清

个人赢（描述）______程度：□共识 □明确 □常理 □不清

决策影响者：________________

业务结果（描述）______程度：□共识 □明确 □常理 □不清

个人赢（描述）______程度：□共识 □明确 □常理 □不清

决策影响者：________________

业务结果（描述）______程度：□共识 □明确 □常理 □不清

个人赢（描述）______程度：□共识 □明确 □常理 □不清

决策影响者：________________

业务结果（描述）______程度：□共识 □明确 □常理 □不清

个人赢（描述）______程度：□共识 □明确 □常理 □不清

2. 在上述角色分析中，选择其中一两个角色的业务结果与个人赢并进行对比。

决策影响者：________________

业务结果：________________ 个人赢：________________

两者的关系：____

决策影响者：____

业务结果：______________个人赢：____________________

两者的关系：____

小　结

客户的角色分析包括四种角色九种影响力分析、参与度分析、反馈模式与支持度分析、业务结果与个人赢分析，这是对一个采购过程中的每个具体角色的深度、多维度剖析。

庖丁解牛，目有全牛，方游刃而有余。

面对一个项目，应该从哪些角度分析影响决策的人，如何结构化地分析，针对每个个体多角度分析，在互相关联与验证中找到因果、优势与潜在风险，这是本章的核心。

因为涉及账面资金动用、预算审批、彼此的责任和承诺，组织做出一个采购决策往往是多人完成的。这些人中有人使用产品或服务，有人负责评估，有人负责预算，有人负责拍板，缺少哪种角色都无法完成采购。销售要想成功地完成一次销售，必须找到这些有不同影响力的人，他们是谁。任何信息的缺失，都是未知的风险。

多人参与，各人角色不同，每个人对决策结果的影响力大小是不一样的。于是有了对角色影响力大小的判断，而决定影响力大小的因素包括职级、专业度、优先性等。

这些具有不同影响力的决策者参与度不同。采购本身就是一个流程化、任务化的过程，从意向到需求，从方案到评估，从商务到谈判，不同阶段有不同的人参与。销售需要随时判断当下每个人的参与度，知道应该和谁做好什么事。同时还要关注有哪些潜在影响者会在后续的流程中参与进来，做到未雨绸缪，主动适应不同角色的出现。

对于组织即将推行的方案、即将做出的改变，每位决策影响者的处境不同、期望不同，对这件事情的态度也不尽相同。新方案或新产品的引入在组织中是一个变革。既然是变革，就有支持改革一方的期望和推力，有既得利益者的抗拒和阻力，有怎么都行的中立者，也有事不关己的旁观者。应对不同人员的不同态度，是项目得以实施推行以及销售取得成功的关键。

当项目中有多家供应商参与时，决策影响者对每家的支持程度也是不一样的，这取决于决策影响者的自身处境以及供应商对客户的理解、能带给客户的价值。销售需要知道每个人的支持度，寻找到自己真正的支持者、可能的反对者，并找到目前中立或未参与的人选，关注其影响，以备未来之需。

这些人为什么积极、为什么消极，为什么支持、为什么反对，根源在于其自身处境、期待，以及对变革的诉求。客户中的每个人，期望这次采购能够解决哪些业务问题、带来哪些业务结果和价值？他们每个人又有哪些个人期望、个人动机或个人价值？这是采购的原动力。

由岗位到角色，由角色到影响力，由影响力到参与度，都与单一销售目标相关，不同销售目标决定了不同的角色、影响力、参与度。

单一销售目标背后有组织变革的外部环境与变革动因，有组织希望实现的战略与业务目标，有组织希望解决的问题、需要满足的需求、期望实现的价值，这都属于对组织及业务的需求与价值分析。每个人又源于自己的岗位、职务、身份与处境希望通过项目实现不同的个人诉求与个人价值。相对于业务结果，个人内心深处的赢，才是能量之源。

这些角度和结构的分析是销售人员在每个项目中必须进行的分析。

结构分析，逻辑验证。知其所然，胜兵先胜。

第 4 章

罗盘分析

17. 组织结构

无论古今，在双方作战中，各方都会有一块“沙盘”，用来标注地形地貌、敌我双方兵力部署、双方可能的行动路线。从我方各种可能的作战方案出发，分析敌方可能的行动路径、应对措施，推演各种可能性，从中找到最佳方案并付诸行动。

大客户销售这样一项如此复杂的任务，涉及如此多的决策影响人，多家竞争者参与，形势变幻莫测，机会稍纵即逝，那么，我们的“作战沙盘”在哪里呢？很多人对此的回答是“没有”或“在脑子里”。

对于这样一项复杂、需要团队共同作战的任务，是不是需要一个显性的“作战沙盘”呢？在销售中，这个作战沙盘首先应该是组织结构图。

为什么要分析组织结构图呢？

大客户销售是一个企业级、跨部门、多人参与、基于客户组织的群体决策流程。在群体决策流程中，组织中不同的人、不同部门站在不同角度以不同标准来评估这次采购。所以销售中最不能忽略的就是客户组织结构图的分析。

组织结构图分析中应该分析哪些要素呢？通常的组织结构分析往往把客户的董事会、总裁会主要成员，以及各个副总、部长、业务主管、项目相关人员全部画出来，标注这些人的角色、态度、风格、支持度以及他们对采购的想法和倾向，在此过程中还会分析他们的需求（包括需求的关系和结构）。一个典型的组织结构分析如图 4－1 所示。

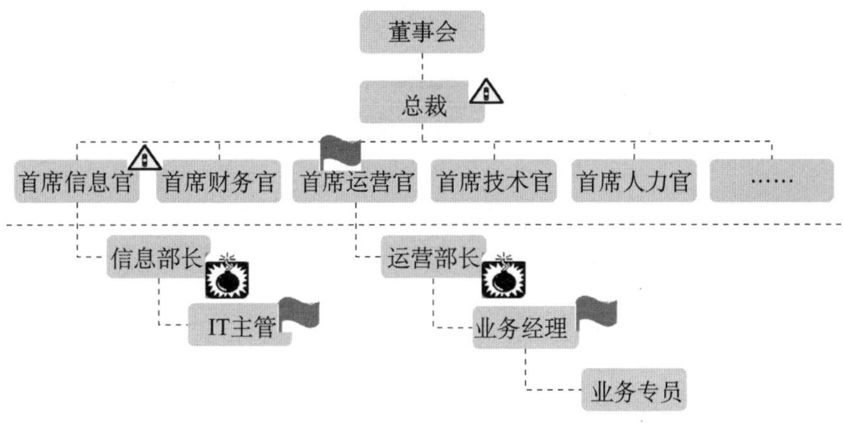

图 4－1　典型的组织结构分析

注：代表优势或支持者；代表劣势或反对者；代表风险或未知。

在实际的工作当中，这样的组织结构分析往往会涉及几个问题，比如，有时候没办法判断，针对这个采购项目都有哪些人会参与进来；这些人之间真正的关系是什么，他们之间相互影响的逻辑主线是什么。

销售过程要根据客户中组织和人的关系去开展。一旦处理不好，会带来灾难性的后果。比如，我们找到了 A，发展他成为我们的支持者，但是另一个部门的 B 就自然地成了中立者或者潜在的反对者。客户内部有各种各样的业务协同关系，有天生的一些冲突点、矛盾点和对立点，不同部门或人员之间有盘根错节的微妙关系，这些在销售中是无法也不能忽略的事情。

对客户的组织结构图分析要足够清晰和精准。就像打一场战斗，战场的形势分析一定要清晰，哪是山，哪是丘陵，哪是树林，哪是河流。销售的过程就像进入一个城堡或迷宫，里面会有很多的玄关，也有很多的机会、宝藏，我们应该如何避开玄关，找到机会和宝藏呢？

组织结构图分析包含哪些要素、哪些角度？如何在客户组织结构中抽丝剥茧，找到我们可以进攻的路线、可以发展的根据地和可以防守的地盘？如何发现潜在的风险点？这就是对组织结构图进行深入分析的重要意义。

决策层级

首先要分清客户的决策层级。客户的董事会、总裁会、主要副总、中层、业务骨干、基层员工，这个层级要分得非常清楚。不同层级之间要有上下级的对应关系。分析组织结构图时，先把层级列出来，然后看你正在接触或面对的人其上级是谁，下级还有哪些人。

根据本次销售的单一销售目标，找到单一销售目标所涉及的决策圈，看这次采购决策需要客户中哪些层级的人员参与。根据采购金额大小和重要程度，做决策的人的层级不同。我们要针对销售目标锁定可能的决策层级。根据经验，企业级销售跨越的层级一般会在两级以上。我们需要找到销售目标中跟层级相关的影响者，而这个决策圈里最高的人，有可能就是最终决策者。

决策角色

组织结构图要看的一个重要内容，就是角色。如前文所述，客户采购决策影响者分为四种角色和九种影响力。四种角色中的最终决策者，往往在销售直接接触人员上面的位置。应用选型者就是业务部门，指我们的产品和解决方案到底有哪些部门会使用，此外还包括业务部门的主管领导以及产品、方案、服务的具体使用者。销售要在组织结构图中找到并标注出这些应用选型者，还要检查覆盖是否完整，这些应用角色必须要在销售的雷达范围内。技术选型者，即标准把关者，涉及技术中心、采购中心，以及财务部门、规范制定部门、采购评估审核部门、其他审批部门。此外还要找到真正的指导者、教练，看看指导者是在组织结构图的什么位置、什么层级上。

这个过程是对角色覆盖的一个完整检查，帮助销售梳理出真正的使用部门、使用人员、评估人员、采购评审人员、最终决策者、指导者这些关键影响力，确保人员覆盖完整和准确。

决策链

通过组织结构图要看到决策链条。这次采购，需求会由哪个业务部门提出？向上汇总到谁那儿？再由谁参与评估，会如何横向移动？从业务部门到技术部门，再到审批和把关部门，以及最后的决策者，之间是什么样的流程和关系？

我们要看到客户需求的移动关系、评审意见的移动关系、决策制定的移动关系，也就是说，业务需求由谁提出、由谁提交技术部门；技术部门有了评审意见，是反馈给业务部门，还是向上汇报给相应主管领导；相应主管领导得到需求和采购的评审意见之后，又会向哪些人去汇报。我们需要找到需求的发起方、需求的评审方、标准的评审方，以及最后的决策方，找到完整的决策链条。销售要能洞察项目在客户组织中是如何被推进、运行和发展起来的。

决策圈

我们要找到真正影响决策的范围，这不是说你接触了谁、联系了谁，或者谁跳出来主持这个项目，谁又在提需求了。当我们把层级、角色、决策链展开之后，就可以画出一个决策圈。决策圈是指真正对这次采购有最终决策影响的几个关键人。

我们要找到这个决策圈，再评估检查自己有没有触达、覆盖这些人，检查自己是否知道决策圈中的人的意见、态度，明确他们对不同厂商的倾向、关注点、支持度，以及他们的业务需求和个人动机。我们要找到决策圈中的决策者，他们是客户最核心的“战略指挥部”。

影响圈

决策者在做出最终决策的过程中，会受到很多力量的影响。影响力量可能来源于业务部门，可能来源于评估部门，可能来源于外部顾问或者第三方公司，也可能来源于其他合作伙伴。

我们要把这些可能影响决策者做出决策的人员、角色、力量找出来，关注这些影响力所在的圈子，分析每个人会发出什么样的声音，思考如何与他们建立联系、给他们传达什么样的信息，从而让他们能够更好地影响决策者。

潜伏圈

销售一般很少会关注潜伏圈。潜伏圈是在决策圈和影响圈之外的力量。按常理他们不会参与决策，也不会提出意见，或者这次采购跟他们没有直接关系，但是他们有时也有机会参与到采购项目的讨论中，比如在销售的影响或努力下介入，这时他们就是销售手中的底牌。

找到潜伏圈有两个作用。

第一，找到潜伏人员，可以帮助我们发现影响销售成功的潜在风险点。为避免项目发生不可控或意料之外的变化，要关注所有潜伏的可能带来变化的因素。销售必须放宽视野，在客户组织内部乃至边缘和外部，认真找到所有可能影响销售和客户决策的因素。

第二，在需要引入其他力量、人员、影响因素的时候，潜伏人员能够帮助我们找到改变的机会。将潜伏圈的人或观点引入决策圈可以帮助我们改变处境、强化竞争优势，从而改变当前的形势。潜伏圈是销售手中的底牌。

关系暗线

我们看到的组织结构图是显性的，是有层级、角色、部门的，人员之间有汇报关系。在很多组织中，在显性的组织结构图背后还有隐藏的关系，即暗线。“派系”是一个例子，这一条线的人和那一条线的人关系比较近，这个层级和那个层级之间有一些潜在矛盾冲突，等等。

这也就是所谓“制衡”。组织要保持决策的合理性和安全性，上下级之间、同级之间在竞争和合作中需要保持组织的稳定性，所以在我们看到的组织结构图背后往往会有一些潜在的内部关系，显性关系和隐性关系互相制衡，保证了组织的平衡。销售要关注关系暗线，关系暗线涉及业务协同关系，还涉及人与人之间的个人关系，认清这些关系需要敏锐的触角和清晰的思维，仔细甄别判断才能真正捕捉到。

分析组织结构图不只是画一个组织结构出来再标上谁是支持者、谁是反对者这么简单。销售要看到自己覆盖的不同层级，检查角色是否覆盖完整，查看整个决策链条是否顺畅，中间有无断点。销售还要检查自己有没有触达和覆盖决策圈，弄清影响圈的人员和相应要素。找到外界和边缘的潜伏人员、可能影响项目状态或结果的潜伏力量，以及其他能借助的外部力量，推进项目进程。厘清客户内部的明暗关系也十分重要。

把这样一个完整的组织结构图勾勒出来，就是作战地图。哪里是根据地，哪里是要攻的堡垒，我们的战场在哪里，对方的统治区在哪里……弄清这些问题后我们才能制定有效的策略。

如果能将客户中每个人员相应的角色、态度、支持度、影响力、参与度，以及业务结果与个人赢这些信息填进组织结构图中，结合起来分析可以找到更多的关联信息和结构性信息。发现其中的细微关联与影响，这是制定销售策略之精要。

组织就像一个人的神经系统，很多有经验的销售会利用组织结构中的相互传导和影响关系去撬动客户，获得最终的成功。

没有组织分析，就无法有效推进销售进程。

演练

1. 基于之前所选择的单一销售目标，画出客户的组织结构图并分析。

项目名称：________________

单一销售目标：________________

决策层级，共包括____个层级，分别是________________

决策角色，共包括____类角色，分别是________________

客户决策链是________________

客户决策圈包括人员有________________

客户影响圈包括人员有________________

客户潜伏圈包括人员有________________

客户中可能的关系暗线有________________

2. 在上述组织结构分析中，找到目前忽略的或最有启发的地方。

目前忽略的有______________接下来的策略是__________________

感觉有启发的是____________接下来的策略是__________________

18. 赢单指数

我们经常会问："这单到底能不能赢?"对这个问题，每个人都有自己的判断。大家会从这些角度想：有没有支持者，有没有内线，需求能不能满足，我们有什么优势……大家有不同的角度，每个人源于自己的经验从自己的角度分析能不能赢单。

到目前为止，判断单子的赢率并没有统一的标准。大客户销售涉及因素多，过程复杂，判断一单的赢率并非易事。

当面对一个项目的时候，不同的人判断的标准是不一样的。就像每个人手上都戴着一块手表，而每块表的时间又都是不一样的。对项目赢率的判断受一个人经验、能力及个人风格的影响。当针对重要项目进行赢率分析时，如果每个人都有自己的标准，公司和团队没有统一的标准，那么怎么能真正、一致、客观地把赢单可能性分析出来呢?

我就此进行了大量反复的研究，用 10 年左右的时间辅导了大量团队，分析了上万张大单，把所有赢单项目和丢单项目拿出来分析比较，试图找到真正影响大单赢率的关键指标和关键要素。基于这些实践和分析，最终我们在赢单罗盘里构建了一个叫“赢单指数”的分析模型。

赢单指数分析模型结合常见的销售场景，从人员、角色、态度、支持度等影响销售成功的要素中萃取出关键要素，建立评估模型，进行结构化、标准化和量化分析，建立组织和团队内部一致的评价标准，如图 4-2 所示。

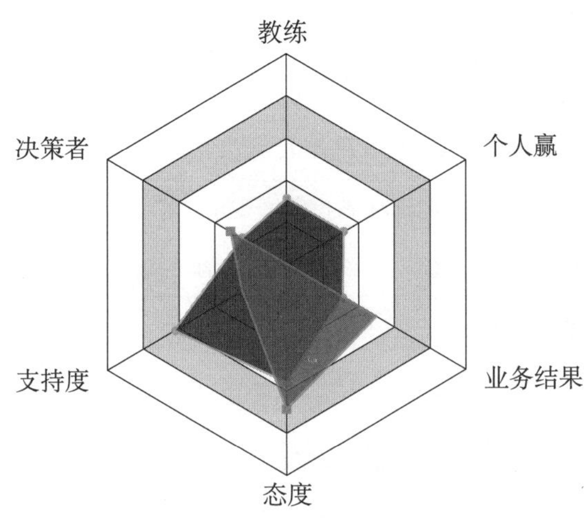

图 4-2　赢单指数模型

赢单指数包含六个要素。

第一个指数是教练。有没有教练，有什么层级的教练，这是赢单罗盘的第一个维度。教练在大项目中的重要性不言而喻。教练能带给销售很多有效信息，帮销售评估关键人的态度、评估策略的有效性、制定后续行动计划。教练就像我们在迷阵中的一位向导，就像我们在荒漠中的指南针，让我们的行动更加精准有效。

教练维度会甄别几个要素。首先，你有没有教练，赢单罗盘会扫描你已经建立联系的角色，去检查是否存在教练角色。其次，你的教练在客户组织结构中的什么层级上，他在客户内部的地位和影响力如何，是什么职位，他离决策层近还是远。最后，分析教练的水平，赢单罗盘把教练分为五级，包括给你有效信息、给你独特信息、帮你评估关键人的态度、帮你评估策略合理性并对你的行动计划给出建议、全面互信。赢单罗盘会帮助销售人员分析教练当前的水平，他能给销售什么水平的指导。此外，还要看有几个教练。赢单罗盘通过建模型进行量化分析，得到销售人员在“教练”这个维度上的值，进行量化分析。

第二个指数是决策者。对于重要的项目，销售人员的角色覆盖范围必须包含决策者。销售人员要确保自己看到决策者的意见，至少知道决策者是谁，他们对这个项目的观点和态度是什么。

在赢单指数分析中，首先，会看有没有覆盖决策者，这是一个重要指标。其次，决策者对项目的反馈模式、支持度是什么样的，不同的反馈模式和支持度结果自然不一样。最后，要看决策者对项目的需求清晰度、战略目标清晰度如何。如果销售清楚地知道决策者的需求和诉求，并且知道决策者积极推进，决策者对我方态度积极，这些都预示着高成交概率。

第三个指数是支持度。目前你所覆盖的决策圈、影响圈、潜伏圈里，到底有多少支持的力量，有多少人坚定不移地大力支持你。赢单指数分析模型会统计不同层级、不同角色、不同态度的人中支持你的人有多少，他们的支持度是多少。

这个类似“票数”的概念，但是比票数更精细和复杂。比如，一个人的态度是班门弄斧，但他参与度很低、影响力很小，在客户内部他的意见不被认同，虽然他对你的支持度很高，但没什么用。说你行的人行，你才行。说你行的人不行，没用。

所以在分析支持度时，不仅要看支持度本身，还要看支持你的人背后的要素，包括这个人的层级、角色、态度、影响力、需求清晰度等。弄清楚这些才能知道支持者对你的支持度是否有效。

第四个指数是态度。这是指要看客户的反馈模式，即客户对这个项目的反应是积极还是消极，是希望做得更好还是急于解决问题，抑或无所谓。除了态度本身，我们还要看客户对待变革的风格，是创新型还是保守型，是讲究原则还是讲究人际关系。客户对项目积极或消极的态度与他们处理问题的风格相叠加，将形成对决策的综合影响。赢单罗盘会扫描在当前组织中销售所覆盖的决策影响者里，有没有足够的积极态度、向前的推力。

客户中每个人的态度与风格都影响决策的结果，但这种影响与客户中每个人的级别和角色有关。如果最终决策者态度很积极、坚决，那是很好的情况。如果态度积极的都是基层员工，决策者不积极，那么这个指数的值就不会很高。所以我们看态度，除了态度本身，还要看到每个角色对项目影响力的大小、参与度的大小等相关因素，以此来修正态度这个指数的值。

第五个指数是业务结果。客户对希望通过采购实现的业务目标清晰吗？客户对要解决的具体问题清晰吗？客户的需求清晰吗？我们要看到客户对这次采购的业务需求的清晰度、对方案和价值的共识度。这是这个指数的关键作用。

客户中哪些人认同了方案，哪些人明确了需求，哪些人对业务结果和组织价值是有认同的，赢单罗盘将会帮助销售人员扫描这些值。同时会考虑决策角色、层级、参与度、影响力等其他要素加以修正。赢单罗盘将帮助销售人员评估业务结果是否在正常的数值区间内。

第六个指数是个人赢。在项目推进过程中，我们是否知道关键决策影响者的个人诉求、动机、需求和价值。我们是否清晰客户中关键角色的个人赢以及双方是否达成共识了，这是非常重要的判断因素和赢单指数。

如果客户态度都很积极，很支持我们，但是我们不清楚他为什么做这件事、为什么支持我们，这种情况是有很大风险的。除了要看到业务结果，还要看到每个人做这件事背后的动因，即看到他们的个人赢。

赢单罗盘将帮助销售人员扫描和甄别目前覆盖的组织结构里各角色的个人赢，分辨哪些人是清晰的，哪些人还不清晰，从而检查“个人赢”这个指数是否达到了健康值或赢单值。模型中也考虑了客户中每个人层级、角色、影响力的影响来修正个人赢的值。

通过教练、决策者、支持度、态度、业务结果、个人赢这六个关键指数，我们构建出赢单指数模型，模型表现为一个六角雷达图（见图 4 - 2)。有了这个模型，销售就可以针对项目进行测量、分析和评估了。

赢单罗盘根据项目金额大小、覆盖人员多少，以及每个角色的具体信息，帮销售人员自动甄别和计算当前这单若要赢单每个指数的标准值是多少。

比如，你目前覆盖了七个角色，那么基于输入的信息赢单罗盘会告诉你，这七个角色中至少应该有一位在何种层级的教练，你应该覆盖决策者到什么程度，你应该获得什么程度的支持度，这七个人的态度应该什么样，业务结果和个人赢应该到什么程度，六个关键指数达到这样的值，你才可能赢单。赢单罗盘给出一个基准值，也就是图形中的深色区域部分。

深色部分是基准区域，颜色次深的部分是目前的实际值。实际值是赢单罗盘根据项目金额大小、客户采购历史、你所接触的客户数量及每个角色的情况计算出的六个关键指数目前的实际情况。

如果你的实际值覆盖掉了深色区域，那么这个单你赢下来的机会很大。如果不能覆盖，说明还有很多工作需要做。实际值没有覆盖深色区域的项目会存在一些问题或风险，比如决策者支持度比较低，比如客户态度积极、需求清晰，但没有教练，再比如不知道个人动机是什么。赢单指数告诉我们，目前哪些指数是健康的、达标的，哪些指数是欠缺的，于是销售人员就知道接下来的行动中要重点提升哪些指数。

接下来通过几个实例学习赢单指数模型的用法。

实例 1

图 4－3 是小 a 正在进行的项目的赢单指数模型，请分析。

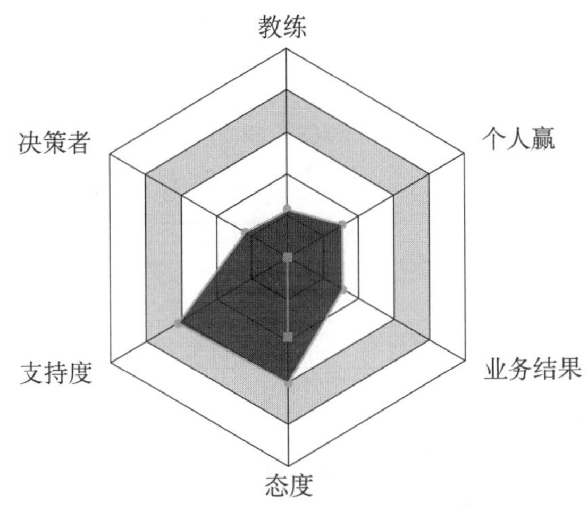

图 4－3　赢单指数模型实例 1

说明：图 4－3 中最深颜色的区域为赢单值，白色的线表示的是实际值。该分析结果的实际值中，只有客户态度是积极的，也就是说客户对当下处境不是很满意，有新的更高期望。但是，其他五个值都没有覆盖。可以理解为：目前除了客户想做这个项目，其他工作都未开始，需要做的工作还有很多。项目刚刚开始，需要你“迈步从头跃”。

实例 2

图 4－4 是小 b 正在进行的项目的赢单指数模型，请分析。

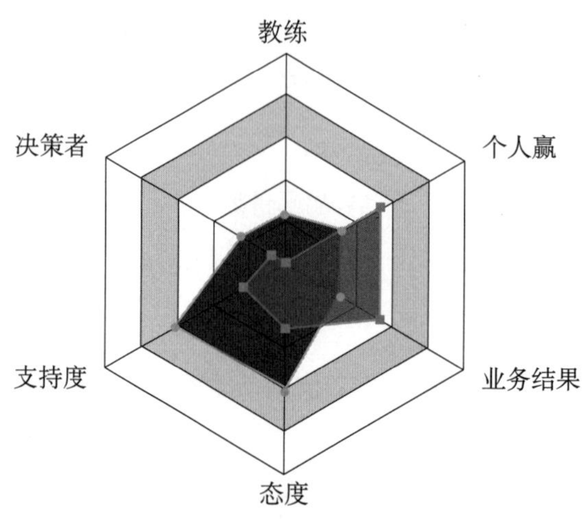

图 4－4　赢单指数模型实例 2

说明：图 4－4 中深色区域为赢单值，次深的区域为实际值。该分析结果显示，客户的业务结果、个人赢是很明确的，甚至超出了赢单值。小 b 也接触了客户中的决策者，得到了决策者一些积极的态度和内部的支持，但还远远不够。项目中没有教练。小 b 明确了客户的个人赢、业务结果，但没有教练、缺少支持，就决策者这个层面而言小 b 也不是很有优势。这个结果看上去有点像“做了个人关系，但事还没谈”。

实例 3

图 4－5 是小 c 正在进行的项目的赢单指数模型，请分析。

说明：图 4－5 中深色区域为赢单值，而次深色区域为实际值。目前该项目中的教练、决策者、态度、业务结果都已达标，说明前期做了大量工作，取得了一定成效。高层关系、客户对项目的态度都不错。但支持度和个人赢不达标，那么风险可能在于，客户是真的支持还是碍于领导面子的支持。小 c 真的知道每个人的动机和需求是什么吗？这种有得力的教练、很强的高层关系的情况很容易产生表面支持而忽略每个人内心想法的情况。这就是小 c 接下来需要关注的事情。

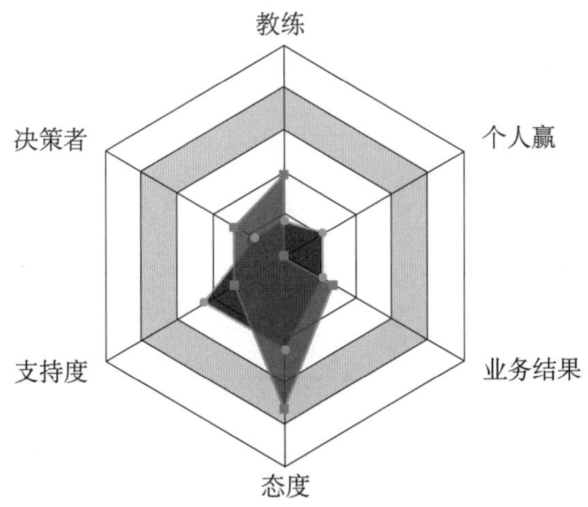

图 4-5　赢单指数模型实例 3

实例 4

图 4-6 是小 d 正在进行的项目的赢单指数模型，请分析。

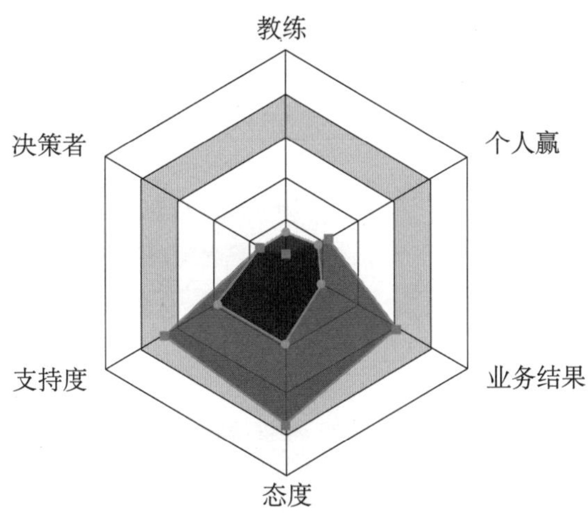

图 4-6　赢单指数模型实例 4

说明：图 4-6 中深色区域为赢单值，次深色区域为实际值。目前该分析中各指数除了教练外，都已达标，局面非常难得。教练也不是一点没有，并且支持度、个人赢两个指数上很高的值起到了一定的补充作用。这种情况下，这单赢率已经非常大（事后实战验证，此单果然如期签署合同）。

就像给项目做体检，用这六个关键指数，将基准健康值与实际值结合起来，进行项目赢率分析，非常直观。通过标准值与实际值的比较，销售可以看到哪些指数已达标，哪些指数已经进入优势领域，哪些指数还不达标或者说非常欠缺。接下来在布局的时候，安排工作和任务时就要重点去关注和提升不达标的值。当次深色区域完全覆盖或者大部分覆盖深色区域时，这个项目的赢率就很高了。

六个关键指数构建的赢单指数模型会针对每个项目自动生成一个深色区域的赢单标准值，基于目前项目的真实状态生成一个次深色区域的实际值，两个结果相匹配就形成健康状态诊断报告（见图 4－7）。对于达标指数、缺失指数进行分析，可以有效指导销售后续工作。

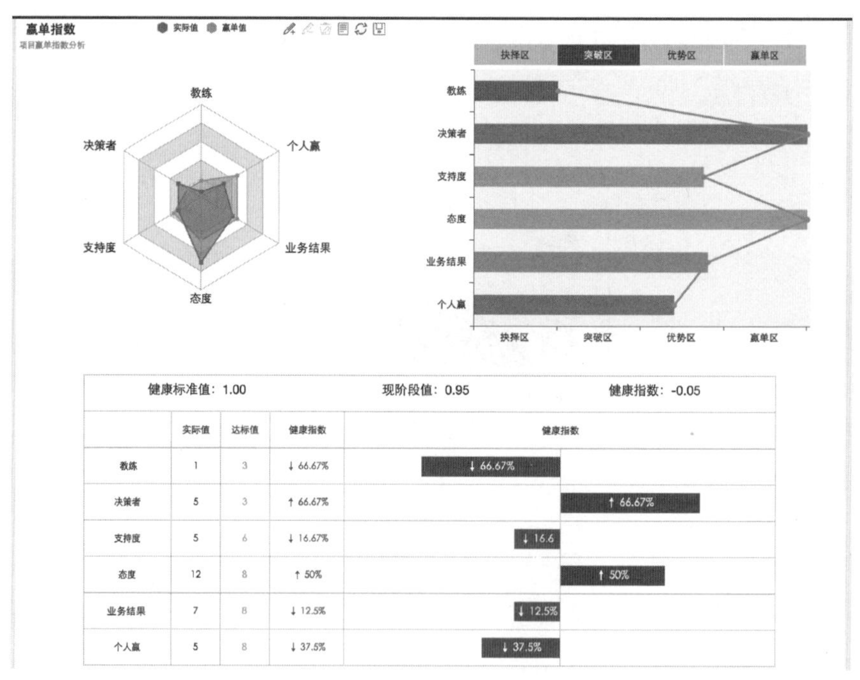

健康标准值：1.00			现阶段值：0.95	健康指数：-0.05
	实际值	达标值	健康指数	健康指数
教练	1	3	↓ 66.67%	↓ 66.67%
决策者	5	3	↑ 66.67%	↑ 66.67%
支持度	5	6	↓ 16.67%	↓ 16.6
态度	12	8	↑ 50%	↑ 50%
业务结果	7	8	↓ 12.5%	↓ 12.5%
个人赢	5	8	↓ 37.5%	↓ 37.5%

图 4－7 项目健康状态报告

目前赢单指数在很多大客户和复杂销售的组织当中得以应用，包括有几万名销售人员的大型集团。赢单指数建立了一致的分析标准，不同销售人员的不同项目，使用同一个模型进行分析，为团队和组织带来全面且客观的分析标准。

一个组织、一个团队、一个销售，应该对销售机会建立统一的分析标准，它就像指南针一样能够帮销售人员甄别关键要素、发现优势、找到不足，从而制定更加有效的策略，更好地赢得项目。

用一块表看时间，用一把尺量长度。

书同文，车同轨，威力巨大。

演练

1. 基于之前所选择的单一销售目标，分析赢单指数的相关情况。

项目名称：________________________

单一销售目标：________________________

教练，当前的情况是____________　你的感觉是____________

决策者，当前的情况是____________　你的感觉是____________

支持度，当前的情况是____________　你的感觉是____________

态度，当前的情况是____________　你的感觉是____________

业务结果，当前的情况是____________　你的感觉是____________

个人赢，当前的情况是____________　你的感觉是____________

2. 请登录策略罗盘或下载赢单罗盘 APP，将项目完整地录入，查看相关指标的分析结果。

目前达标的指标有____________接下来的策略是____________

目前不达标的指标是____________接下来的策略是____________

赢单指数带来的思考和启发是________________________

19. 角色雷达

销售中对角色和人的忽略是最大风险。

或者，你忽略了真正有决策权的人，他一旦被对手搞定，你就会非常被动。或者，原本是个不起眼的“小角色”，而你忽略了他，后来却成了你的“绊脚石”。又或者，你发现了几个看似不怎么参与的角色，却发现他们对需求有很大话语权，因为他们是那些采购者的“内部客户”!

作为销售人员，你覆盖的人员全面吗？所覆盖的角色完整吗？是否已经触碰或覆盖了应该关注的角色？还有哪些潜在角色和影响力被忽略了？针对这些问题，本书用“角色雷达”进行决策影响力扫描。

前面曾谈到四角九力，即影响决策的四种角色、九种影响力，任何一个角色的缺失可能都意味着潜在风险或不确定性，会带来可能的阻力或反对意见。在角色雷达里，我们对这些核心角色和影响力进行扫描，以确保所覆盖的人员和角色完整。

在角色雷达中，我们把九种细分影响力包含进来，包括直接使用者、应用受益者、标准把关者、预算支持者、流程审批者、提议决策者、决策制定者，还有教练和内部倡导者。考虑到本土现实情况，本书把第三方合作伙伴放了进来，因为很多项目中生态伙伴会共同参与或影响角色。再加上未知或不清的情况，这样就形成了十种角色和十一种角色的雷达面（见图 4-8 和图 4-9）。

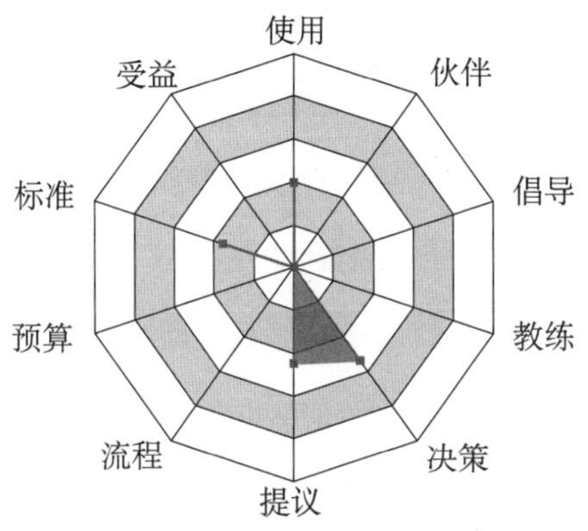

图 4-8　十种角色雷达

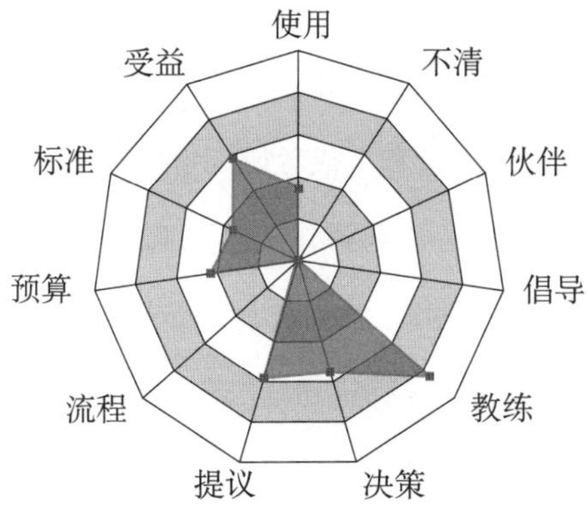

图 4-9　十一种角色雷达

我们用这个雷达面扫描在组织结构图中的相关人员，看目前所接触的人员是否覆盖了这些角度，还有哪些角色是缺失的。从雷达图中线条的长短，可以看出我们的优势在什么地方、劣势在什么地方、不确定和未知在什么地方。

角色雷达的生成原理是这样的：基于雷达盘面，赢单罗盘会自动扫描当前项目客户的组织结构图中每个角色的信息，分析每个角色和细分影响力，包括相关的人员数量、层级、态度、支持度、需求清晰度等。得到这些值之后，通过标准化的统一运算公式和模型进行分析和统计，得到一个数值，反映到角色雷达盘中相应的位置，线条的长度反映的是当前项目在该角色上的强弱。

举个例子，如果销售没有接触直接使用者，这时候“使用”维度上就是空白，没有任何值。如果销售接触了一些人，但这些人的态度不是很积极，支持度不高，需求不是很明确，那么盘面中这个角色所在的维度会有显示，但是值不高，这个维度上的值落在里面第一个灰色圆环范围内，表明有所接触但没有特别强力的支持或优势。

什么情况下线会长呢？如果该角色级别够高、态度非常积极、支持度很高、需求和个人动机非常明确，这些情况叠加起来达到一定数值就会进入第二个灰色圆环。一旦某角色在雷达盘上的线进入第二个灰色圆环，就可以认为这角色是我们的支持者，或者说该角色将是积极影响者和推动者。

在图 4－9 中可以看到，达到第二个灰色圆环的角色是“教练”，接触到第二个灰色圆环的是“受益”“提议”“决策”三个角色，说明销售和这些角色关系不错。图 4－9 中没有达到第二个灰色圆环的有“使用”“标准”“预算”三个角色，说明销售接触了这些角色但这些角色的反馈模式和支持度不够，销售需要更加关注这些角色并加强与他们的联系。图 4－9 中没有看到“流程”“倡导”“伙伴”这三个角色的线，表明销售要问问自己，在采购流程审批环节客户中是否有其他人参与？客户内部谁会站出来全力推进这个项目并且力挺我方？还有没有第三方合作伙伴参与其中？

把所有这些角色放在一起看，就会发现有的角色是优势所在，有些角色只是有接触而已，有些角色还在原点。在原点的角色也不代表完全没有触碰，有一种情况就是这个角色的工作可能由其他角色承担了，如预算支持者，可能其他主管领导或提议决策者承担了这个角色的工作。

再比如，在角色雷达盘中没发现流程审批者，这时候可能会有两种考虑：第一，真的没有吗？我们是不是忽略了？他是不是在某些地方潜伏着？如何甄别、判断、找到他？对于那些在角色雷达盘中没有任何线的角色，要思考是否真的没有这个角色，以及谁会是这个角色，查漏补缺。第二，我们接触了流程审批者，跟他的关系怎么样？他会不会帮助我们成功？他是帮助我们的人、是推力，还是潜在的消极者、负面影响者、阻碍者？有可能接触了一些人，但这些人对我们兴趣不大，表现出无所谓、中立甚至是消极的态度，不愿意帮我们。我们与这些人的关系没有达到预期。这种情况下就要考虑，如何发展他们，让他们变得积极一些，至少不要反对我们。

面对角色雷达，我们一定要从中找到哪些细分角色是可以依赖的、有优势的力量，怎么把这个角色的优势放大，让他们帮助我们成功。还有哪些力量我们看到了但是目前还没有成为为我们加分的因素？应该怎样去发展这些力量？这些都是策略制定时要考虑的问题。

销售项目要取得成功，我们要覆盖各种细分角色，找到真正强有力的支持者。对于没有明确支持或反对意见的人，也不要忽略他们。有经验的销售看到角色雷达之后，就可以很清晰地知道当前项目进展的状态、可能的销售阶段、我方的优势、我方的风险，以及接下来应该怎么做。

角色雷达除了对角色进行扫描之外，还将每个角色生成一个雷达维度，对每个角色的情况进行详细分析、诊断和评估，形成一个以角色为各个角的多边形。客户角色雷达能够帮助销售看出客户中谁是真正的支持者，谁是目前的中立者，谁可能是消极者或反对者。

在一些项目中，客户中涉及的人员非常多。角色雷达非常直观地把所有人员的状态呈现出来，帮助销售在纷繁复杂的人员中，轻松发现教练在哪里，支持者在哪里，还有哪些人员应该被关注。

经过角色雷达的分析，销售对客户角色、影响力、具体人员、每个人的状态都有了比较清晰和客观的认识，在制定策略时可以有针对性地加强优势，逐步提升有待加强的地方，削弱反对力量。

手中有一张角色雷达图，销售便能看清每个角色的覆盖情况，看清每个人员的参与和支持情况，从而放眼全局、有的放矢。

演练

1. 基于之前所选择的单一销售目标，分析角色雷达。

项目名称：____________________

单一销售目标：____________________

进入外围灰色圆环的角色是____________________

原因是____________________

进入内层灰色圆环的角色是____________________

原因是____________________

目前空白的角色是____________________

原因是____________________

2. 请查看并分析你的角色雷达图。

线最长的两个角色是____________________

他们的情况是____________________

线最短的两个角色是________________________________

他们的情况是________________________________

3. 经过以上分析，思考给你最大的启发。

给我带来的启发是________________________________

接下来我要做的是________________________________

20. 形势雷达

有一位外地的小伙伴，有一天在网上和我讨论他正在做的一个项目，他说总觉得哪里有点儿不对劲，让我帮他分析分析。后来我请他做了测评的选择题，录入相应参数。打开分析结果的图形一看，他的客户中各角色态度没有问题，支持度表现也还可以，最有问题的是对形势的判断，他创造的差异优势没有被客户认同。

我打开图表，检查客户意向和需求的明确程度，检查方案认同度和预算之间的关系，又去看了采购流程中客户的意向、需求、方案、预算、招投标的逻辑。最后发现了一个非常蹊跷的地方：客户对他表现得很支持，但是没跟他分享过需求。在销售没有了解客户需求的情况下，客户意向非常强烈，认为销售的方案非常好，希望采纳该方案，这意味着什么？

结合分析结果我们又进行了讨论，共同找到了可能的原因：客户内心已经对自己的意向、需求、方案非常清楚了，而这位销售并没有接触到关键人，即需求方和决策者，也没有就需求和方案展开深入交流。这时候客户就认同了，什么原因呢？

有经验的读者可能猜到了，客户希望这位销售参与，客户表达“你挺好的”“你来吧”“你很有机会”，结果呢？大家心里有数，这位销售往往成为陪标者。

对销售过程的分析，我们往往停留在“我们知道”的内容上，而对于事物背后的逻辑，缺少穿透力和有效的方法，特别是在经验不丰富的情况下。没有吃过亏，很难知道是怎么回事。

在大客户销售中，我们需要收集很多信息，还要甄别很多要素之间的关系，看客户的意向、需求、方案、预算和他的采购行为是否符合闭环逻辑，和销售所做的动作、取得的共识、达到的效果是不是匹配。这些很难靠一个人的思维去穿透。

形势雷达可以帮销售人员将诸多要素关联起来，通过形势雷达，销售可以发现很多关键的细节信息。

每个项目涉及的要素和维度都多达几十项，每个要素和维度又都有多个选项，综合下来一个项目要涉及数百个字段，这些要素交叉建模就构建出一个奇妙的世界。这个过程，就像我们看到的是一个人，而他的身体由很多系统组成，每个系统又都有一套运行机理，深入每个组织、每个器官、每个细胞，都有无穷无尽的奥秘。

过去十年我和志同道合的朋友们一起，针对销售的内在逻辑和运行机制进行了深入的解构、分析、验证，通过十几万个销售机会反复验证，利用互联网和大数据技术，构建出很多分析模型，找到很多规律。这些模型和规律，对销售过程分析有巨大的帮助和启发。

这节讲到的形势雷达是赢单罗盘中比较高级的应用。

赢单罗盘中，我们把与销售相关的大部分内容，包括客户背景分析、项目形势分析、客户角色分析等，都进行了多维度分解，并且每个维度都有不同层级、幅度的区分。也就是说，我们对销售中所有相关要素都进行了结构化、数据化、字段化的设计。

形势雷达综合了所有录入的关键信息和要素，重新构建了一个针对项目的分析模型，帮助我们对项目进行总体扫描，自动进行关联要素诊断分析，找出多种要素之间的关联，从而诊断出销售中不符合逻辑的地方、当前面临的主要问题，以及有风险的地方，从而更加透彻地理解项目。通过形势雷达模型对项目抽丝剥茧、分析验证，能够发现项目中的奥妙。

我们来认识一下形势雷达分析有哪些关键要素。

形势雷达有八个角，这八个角逆时针旋转分别代表了目标、形势、角色、态度、双赢、差异、流程和潜力（见图 4－10），这是一个销售项目的八个关键要素，八个关键要素以八边形的八个角来代表，形成的图形就像一个八卦罗盘。

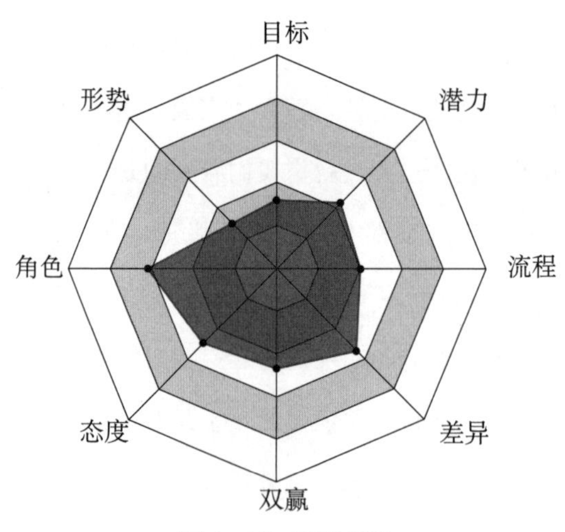

图 4－10　形势雷达

在赢单罗盘 APP 中，点击形势雷达图的八个角，对每个角都有更详细的分析，我们可以看到每个分析维度下第二级的具体情况。以下是对八个角的逐一说明，并在每个维度的说明中加入第二级的详细说明。

第一个角：目标

客户需求和采购目标是起点。这里的目标是指客户采购的战略背景、业务背景、业务目标及需求。客户采购目标的清晰度也会通过销售方单一销售目标的清晰度表现出来。无论采购还是销售，目标是否清晰是一个非常重要的指标。

在赢单罗盘 APP 中点击“目标”，我们可以发现针对目标有六个主要指标，分别是意向、需求、方案、预算、执行、单一销售目标（SSO）。图 4－11、图 4－12、图 4－13 中颜色较深的区域代表了这六个指标的状态，指标值高代表更清晰或者有共识，指标值低代表不清晰。

图 4－11、图 4－12、图 4－13 列举了三个对“目标”进行分析的例子。

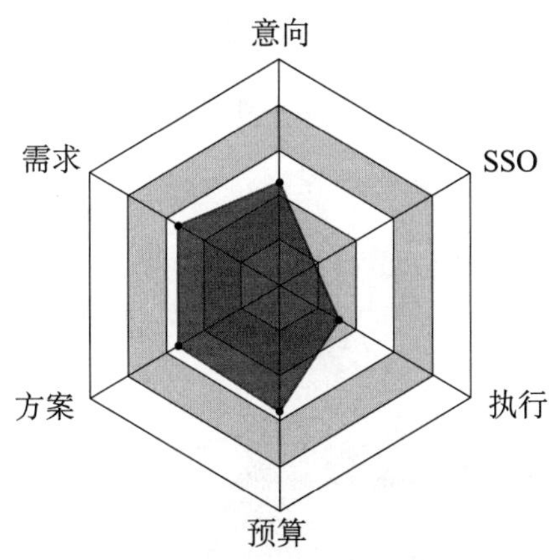

图 4－11　对“目标”的二级分析实例 1

说明：图 4－11 中，意向、需求、方案、预算四个指标的长度差不多，但都没有进入第二个灰色区间，也就是说还没有特别明确的优势。而对于“执行”这个指标，明显客户还没有过多考虑。我方对这个项目的 SSO 也并不清晰。由此判断，项目还在中前期。接下来需要通过明确需求以确认客户意向，在真正确认意向、明确需求后再进行方案的共创和评估。

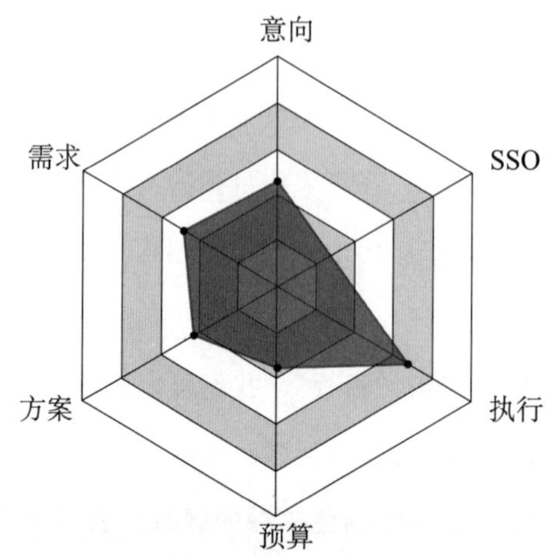

图 4－12　对“目标”的二级分析实例 2

说明：图 4－12 中，值最大的是“执行”，这意味着客户的采购流程执行进度很快，很急迫。但相对来讲，我方对客户的意向、需求还处于基本了解状态，对客户的方案、预算更是不了解。也就是说，客户并未真正认同我方的方案，但急于推进采购进程。

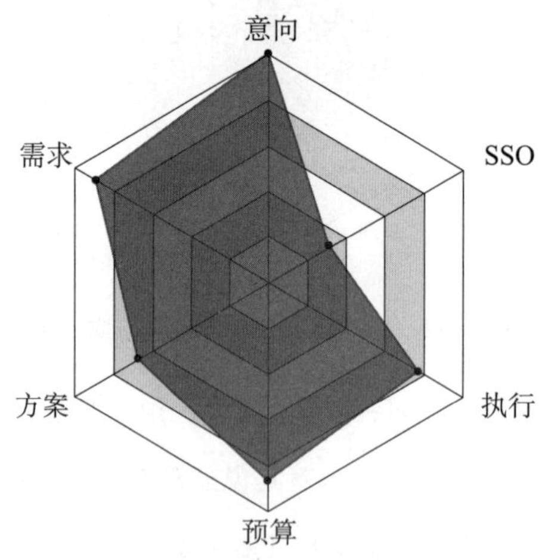

图 4－13　对“目标”的二级分析实例 3

说明：图 4 - 13 中，最明显的现象是，客户意向强烈、需求清晰，同时客户有明确的预算，采购流程执行也比较顺畅。问题在于，我方目前无法拿出让客户满意的解决方案，此外，要卖给客户什么（单一销售目标）不清晰。客户有想法、有需求、有钱、想买，但我方不给力啊！

通过上述三个目标分析实例可以发现，通过寻找关键指标的清晰度，我们能够捕捉客户采购逻辑与销售逻辑的关系，找到我方的"断点"和"盲点"，从而有的放矢。

第二个角：形势

形势是指客户采购过程中的阶段、紧迫度及客户眼中选项的优先级。从销售的角度说，形势也就是我们所处的销售阶段、紧迫度、竞争性，是一个三维的形势判断（见图 4 - 14）。针对特定的销售目标，我们所处形势是什么样的，也就是指销售过程所处阶段、客户紧迫度、竞争情况。形势判断是策略分析的要点。

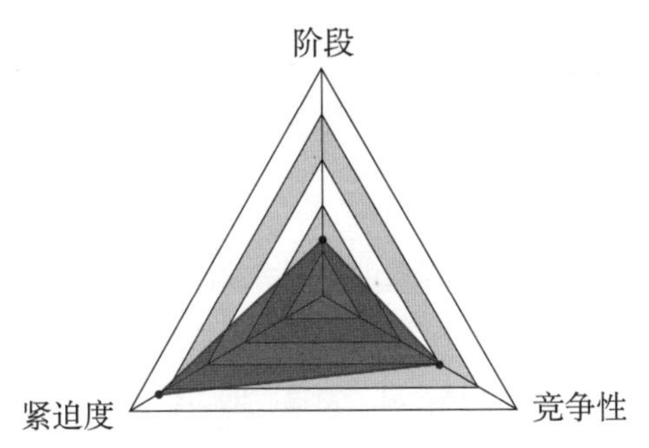

图 4 - 14　形势的三维判断

说明：观察图 4 - 14，根据深灰色三角形三个顶点距离中心的长度，明显客户非常急迫，竞争形势也不错，但阶段还比较早。接下来利用好客户的紧迫度、较好的竞争形势，并尽快推进项目进程，是项目成功的关键。

第三个角：角色

对角色这个指标的分析是要看我们覆盖了客户中四种角色九种影响力的哪些维度。角色中包含了五个细分的分析维度，第一是四种角色覆盖度，最终决策者（EB）、应用选型者（UB）、技术选型者（TB）、教练（Coach）四种角色覆盖情况怎么样。第二是细分角色（九种影响力）的覆盖度怎么样。第三是客户最高职级，即销售与客户中最高职级人员的接触情况怎么样。第四是职级覆盖度，也就是说销售是仅仅在和一个层级的人员交流，还是跟上下不同层级人员都有交流，跨了多少个级别。第五是每个角色的影响力，销售接触的这些人员，他们的影响力足够吗？他们说了算吗？EUTC角色、细分角色、最高职级、职级覆盖度、角色影响力是对角色这个角的五个细分分析维度和指标（见图4－15）。

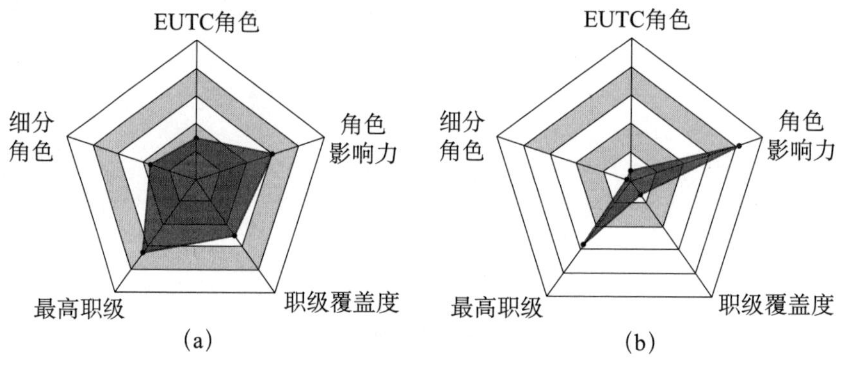

图4－15　对“角色”的二级分析

说明：观察图4－15（a），先看值最大的两个指标，从中可以了解到销售接触的人员职级比较高，角色的影响力比较大。值最小的两个指标是EUTC角色、细分角色，这意味着销售接触了领导层但对于其他更多细分角色接触还不够。图4－15（b）展示的情况更明显。那么接下来，销售应该继续加强领导关系呢，还是要考虑一下和业务部门人员、标准把关人员加强一下联系呢？

第四个角：态度

“态度”维度细分下来包含三个指标，第一个是反馈模式，即如虎添翼、亡羊补牢、我行我素、班门弄斧四种情况，主要看是积极还是消极。第二个是支持度，即客户对我方的支持情况怎么样。第三个是客户的行为风格，是创新型还是保守型，是严谨型还是人际型。对“态度”的细分指标分析见图 4－16。

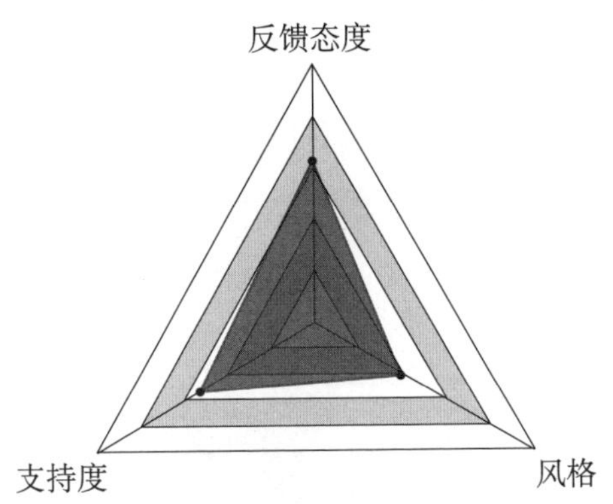

图 4－16　对“态度”的二级分析

说明：观察图 4－16，从中可以看到客户的反馈比较积极，支持度也还可以，但相对来讲，客户的决策风格不是很有利。可能客户在决策上更多偏保守或考虑人际关系多一些。

第五个角：双赢

这里的双赢是指做这个项目对客户和我方来讲是不是都能从中获益。一方面，做这个项目对客户来讲有没有业务价值？对客户个人来讲，能不能满足个人诉求和动机？另一方面，这家客户是不是我方的理想客户？我方做这项目需求匹配度怎么样，能不能满足客户需求，会不会发生额外的研发或交付成本？双赢是客户和供应商双方就业务、个人以及双方组织的价值判断。

“双赢”维度的分析包含四个指标，第一个是理想模型，指这个客户是不是我方最理想的客户，对我方的贡献和价值如何。第二个是公司的优势、能力与客户需求的匹配度怎么样，客户需求是否在我们的优势领域，是否在我们能力所及和成本可控的范围内。第三个是合作能否为客户带来业务结果，合作对客户的组织价值和贡献怎么样。第四个是合作对客户中个人赢的贡献，即合作能否为客户中的个人带来最大的个人价值。这是双赢思维的分析和评估过程（见图 4-17）。

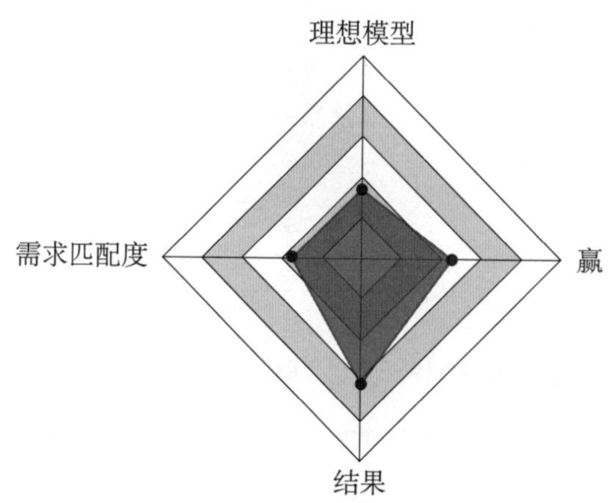

图 4-17　对“双赢”的二级分析

说明：观察图 4-17，从中可以看到此次合作最大的价值和收益是客户的业务结果。此项目对客户的业务价值贡献最大，同时能够满足客户中的个人价值和个人赢。而对我方来讲，理想客户、需求匹配度两个维度的表现不是特别差，也不是特别突出，是比较常规的一种情况。在这个项目中，销售要考虑如何在为客户创造更大价值的同时真正发掘合作对我方的价值，包括对我方的品牌知名度贡献、收入贡献，还要考虑在项目实施过程中如何以更有效、更合理的成本、更低的风险、更少不可控因素的方式满足客户需求。

第六个角：差异

“差异”这个指标的含义是，在客户采购过程中，相对竞争对手来讲我们创造的差异优势在哪里。这其中有五个要素：竞争优势、需求清晰度、需求匹配度、方案认同度、支持度（见图 4－18 和图 4－19）。销售中销售人员需要找到我方真正的差异所在，是我方更了解客户，是方案更被客户认同，还是我方更能满足客户需求，抑或客户更支持我方。

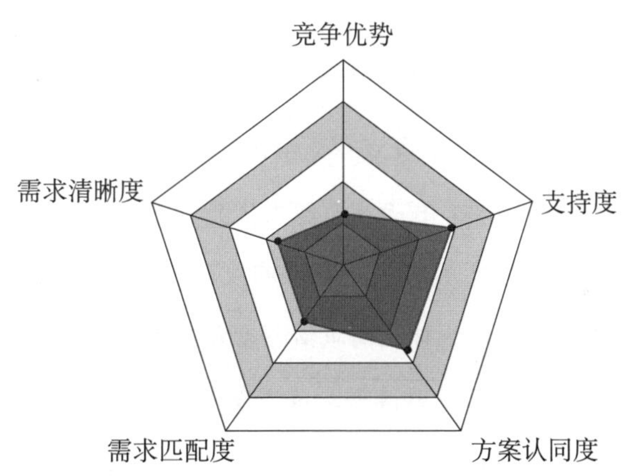

图 4－18　对“差异”的二级分析实例 1

说明：观察图 4－18，值最大的两个指标是方案认同度和支持度，表明客户对我方方案的认同度、支持度都比较高。相对小的值是竞争优势、需求清晰度、需求匹配度，这意味着我方对客户的需求并不是很清楚，我方的方案是否能够匹配并满足客户需求也并不明确。在需求不清、匹配度不高的情况下客户仍然认同你的方案，会不会有问题？再看竞争优势，竞争优势值较低，说明可能存在强有力的竞争对手。需求不清晰、需求不匹配、存在强有力的竞争，客户还特别支持你，这正常吗？

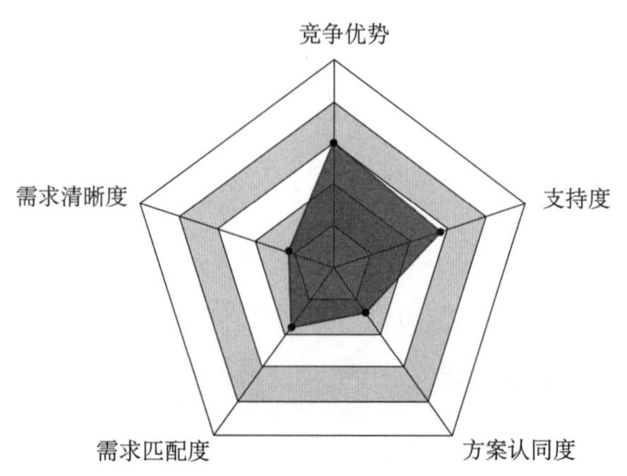

图 4-19　对“差异”的二级分析实例 2

说明：观察图 4-19，最高点在竞争优势，其次是支持度，这表明目前没有强有力的竞争对手，我方占有较大优势，客户支持度也较高。从图中看到，客户需求清晰度不够，方案认同度较低。既然没有强有力的竞争，客户支持度也很好，为什么需求清晰度和方案认同度这么低呢？莫非是双方关系太好了，不好意思谈需求或方案？这样下去能成功吗？可见，对客户业务需求的挖掘和分析、精心研讨共创解决方案，是接下来的重要任务。

第七个角：流程

采购流程是一个非常关键的指标，它会让我们看到客户的动作和行为是否符合逻辑。对“采购流程”进行细分，它包含几个关键流程指标：客户的采购处于什么阶段？客户的意向怎么样？需求是否清晰？客户评估、认同方案了吗？预算是否已经明确或落实了？客户的采购实施和操作流程怎么样？要不要招投标，招投标的安排是什么样的？这些流程和任务中，都有哪些角色参与了，涉及哪些细分角色？通过这些具体的指标，我们可以看出客户采购流程在当下的具体状态（见图 4-20）。

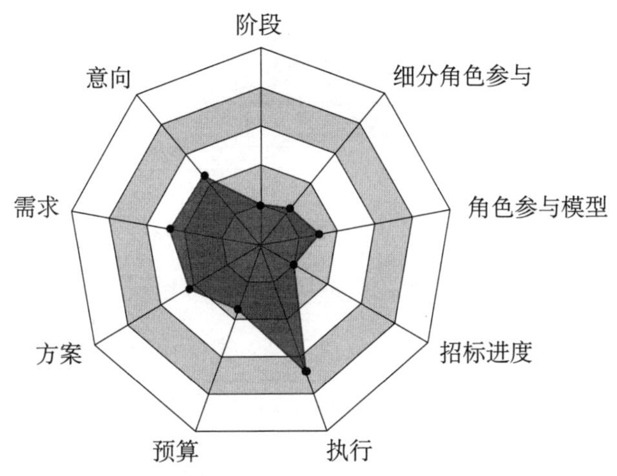

图 4-20 对“流程”的二级分析

说明：观察图 4-20，客户采购阶段尚早，意向和需求已经提出但还不是特别明确，方案和预算还不清晰。客户采购的执行很好，说明客户对采购安排得比较通畅。在这种意向和需求不是特别明确、方案和预算未落实、接触角色数量不多和细分角色参与度不高的情况下，客户采购推进却很明确，这可能会有较大问题。

第八个角：潜力

“潜力”维度是指这个客户有没有经营的潜力和价值。“潜力”的二级细分指标包括该客户的市场阶段（进入期、成长期、成熟期、衰退期），客户的板块属性（公司或集团的核心、主业、辅业，还是运营保障部门），客户的理想程度（见图 4-21）。

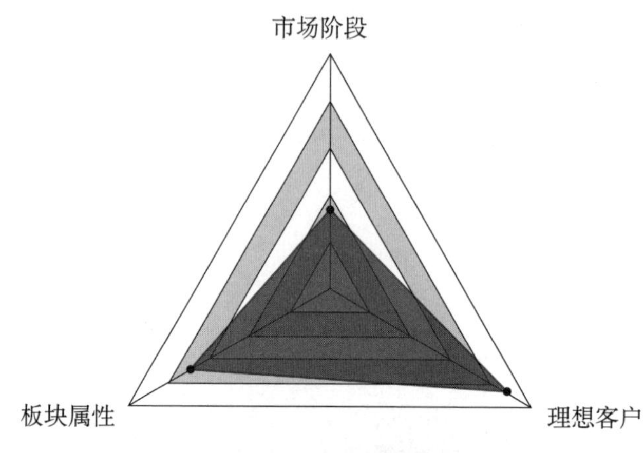

图 4-21　对“潜力”的二级分析

说明：从图 4-21 可以看出，理想客户这个指标值非常高，意味着我方非常想做这家客户。市场阶段的值不高，说明该业务可能是一个成熟业务，未来发展空间不大，或者还未进入高速增长的市场。

以上讲到形势雷达的八角以及每个角包含的关键要素，这些组合起来构成了我们分析项目形势、分析表象背后原因的重要手段与工具。

在形势雷达图中，不同角连接起来会形成一个多边形区域（见图 4-22），这个多边形区域的面积越大，代表销售做得越好。

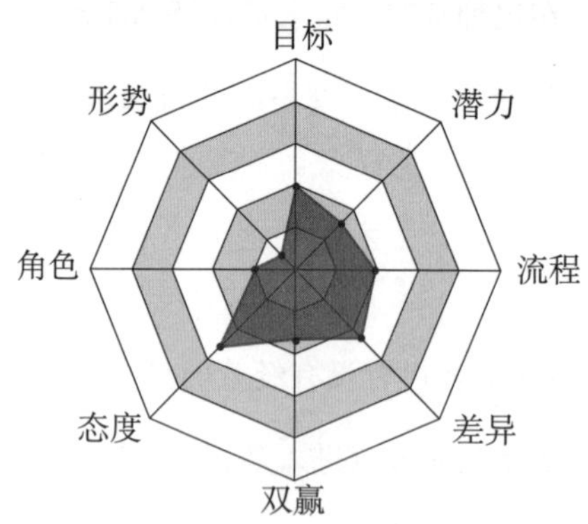

图 4-22　形势雷达图中的多边形区域

从图 4 - 22 中可以看到，客户在“态度”维度上的值比较高，说明客户对这个项目的推动意愿还不错，客户的反馈模式、风格都比较积极。“目标”的值也不低，说明客户对目标比较清晰。但是“形势”的值会低一点，通过图 4 - 23 对该项目“形势”维度的二级分析来看，阶段太早，客户紧迫度也低。

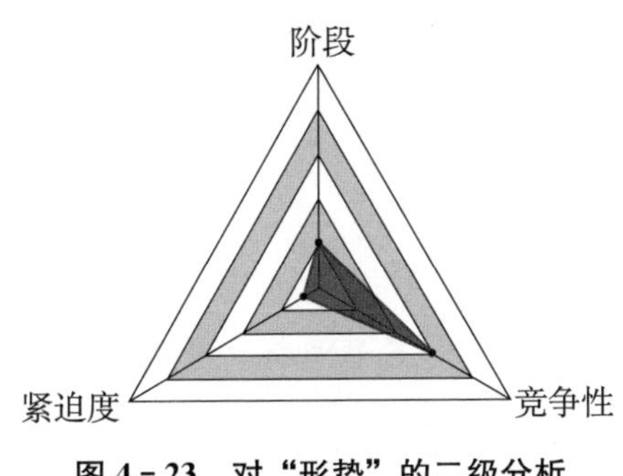

图 4 - 23 对“形势”的二级分析

客户的态度积极，紧迫度又很低，这里自相矛盾吗？到底客户态度是积极还是不积极？这恰恰就是销售在实际推进项目时要核实的地方。

从形势雷达盘面的分析可以知道，我方在哪个维度有优势，如何找到关键优势点和机会并加以放大。同时从形势雷达盘面中可以看到我方在哪些维度存在劣势和风险，如何识别出潜在的风险点。这些对销售来讲至关重要。

这种关键要素的自动关联检查能帮销售人员找到项目当前所拥有的最大优势、面临的风险和问题，从而制定有效策略。这样的分析和检查就像给项目做了一个完整、全面和透彻的体检，把采购和销售中的各个关键要素进行了系统和全面的排查，找出其中所有可能的风险点（逻辑不通的地方），这些地方恰恰是销售人员需要不断去验证、挖掘、澄清的地方，是销售人员为了赢单而要做的重点任务和工作。

销售罗盘的同事们在进行形势雷达的系统设计和开发时，进行了很多模型分析、大数据运算。软件会自动绘制出图形，分析项目中的矛盾点、提问点和检查点，在这个过程中有个智能机器人小罗会自动问问题。比如，当你录入一个项目后，智能机器人小罗就会问："客户需求和目标还不清楚，你又接触了这么多人，接触这么多人怎么还不清楚呢？问题在哪儿？"他还会问类似这样的问题："你的覆盖角色比较多，可客户迟迟不动，是什么原因呢？他们的需求值得深挖吗？"

当有了基本结构、海量数据，剩下的就是人工智能发挥威力的时候了。

智慧，在数据中。

演练

1. 基于之前所选择的单一销售目标，分析形势雷达相关情况。

项目名称：________________________________

单一销售目标：________________________________

形势雷达中值最大的两个维度是________________________________

你认为原因是________________________________

形势雷达中值最小的两个维度是________________________________

你认为原因是________________________________

2. 请选择图形最高和最低的角，查看二级指标情况并分析。

最高的角点开后显示的结果是________________________________

你认为原因是________________________________

最低的角点开后显示的结果是________________________________

你认为原因是________________________________

3. 经过以上分析，思考给你最大的启发。

给我带来的启发是________________________________

接下来我要做的是________________________________

小　结

罗盘分析包括组织结构分析、赢单指数分析、角色雷达分析、形势雷达分析，这些是对项目全角度、多要素的钻取和比照分析，以从中找到各种符合或不符合逻辑的“端倪”。可谓“要素比对、逻辑验证、环环相扣、明察秋毫”。

组织结构是直观的作战地图。组织结构分析是一种有广泛应用的基础性分析。组织结构图反映的是多人关系，摆正每个角色的内部位置和关系是第一步。找到每个角色的细节颗粒度信息，将能发现这个角色在决策过程和全盘局面中的作用。如何将组织中每个人、每个角色的个人颗粒信息通过数据和模型分析诊断，就显得更重要了。

赢单指数是很多组织评估项目的“一块表、一把尺”。一个项目的赢率有多少，一万名销售心中会有一万个答案，这样的不一致将严重影响形势分析和策略制定的有效性。根据全局形势、组织结构和角色信息抽取出定义项目赢率的六个关键指数：教练、决策者、支持度、态度、业务结果、个人赢，形成项目的赢单指数。根据项目的情况智能化计算赢单的标准值，再根据实际情况分析出实际值，将实际值与标准值比较，就形成了赢单指数和各个指数的健康度，为后续策略和行动方向指明重点。

角色雷达是销售中对“人”这个重要因素分析的关键。对任何决策影响力的忽略都是销售中潜在的风险。通过对四种角色、九种影响力以及合作伙伴、未知角色共十一个维度构建角色雷达，扫描当前项目中已经接触的人员及其状态，发现当前缺失的角色和影响力，甄别优势和支持角色、劣势和消极角色，帮助销售人员在面向客户中各类人员行动时加强优势、削弱劣势、减少未知和不确定性。

形势雷达是项目形势分析的“八卦罗盘”。按客户的购买和决策逻辑、影响决策的关键要素、决策流程及先后步骤，形势雷达提炼出目标、形势、角色、态度、双赢、差异、流程、潜力八个关键要素，这八个要素与策略销售分析流程的关键步骤及内容对应。每个指标都会有更具体、细化的分析以便追溯。根据项目实际情况在罗盘中的显示，当前项目中的优势、劣势、逻辑、矛盾、机会尽收眼底。

由组织结构分析到六个关键赢单指数，由角色覆盖度到总体形势分析，组织结构、赢单指数、角色雷达、形势雷达四张图由浅入深地从客观现实、逻辑规律、影响要素、微观分析几个层面全面剖析项目，引领我们探寻项目形势与状态，寻找复杂项目中的因果关系与细节信息，丝丝入扣，耐人寻味。

智能机器人智能诊断与自动提问，收集项目数据后进行基本逻辑和数据关系的分析，从而发现机会和风险。靠销售人员自己苦想、手工绘图是远远做不到这些的。

诊采购逻辑之先后，借数据智能之力，判形势状态之微妙。

盘里乾坤大，图中玄机藏。

第 5 章

策略布局

21. 形势定位

谈到策略布局，我们往往想到如何搞定一个人、搞定一件事。事情有这么简单吗？这是真正的策略吗？

进行一场销售战役，首先要对销售机会的总体形势做出判断，对敌我竞争形势进行总体研判，形成总体策略的大方向，然后再形成具体的应对策略、作战计划和行动路线。而对总体形势的分析是很多销售在项目分析时所缺少的。

许多销售看到具体的人和事，却忽略了总体形势。只见树木，不见森林。

销售的首要工作是进行项目总体形势的定位。形势定位要考虑的核心要素有两个：机会来源和竞争形势，由这两个要素组成形势定位矩阵。矩阵中不同的位置代表不同的形势处境，据此制定相应的总体应对策略。

形势定位矩阵的纵轴代表竞争形势，包含单一、领先、平手、落后四种形势，分别用 A、B、C、D 表示。横轴代表机会来源，包含四种销售机会：老客户重复采购、老客户交叉采购、空白客户和全新客户、竞争机会，依次用 a、b、c、d 来表示。其中“竞争机会”包含两种情况：可能是竞争对手老客户重复采购，我们要替换竞争对手；也可能是竞争对手的老客户进行交叉采购。形势定位矩阵如图 5－1 所示。

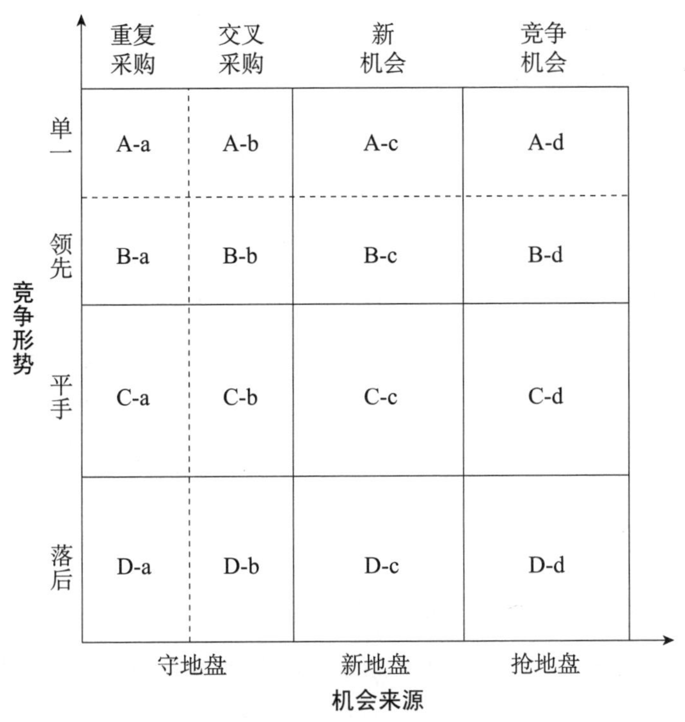

图 5－1 形势定位矩阵

四横四纵构建出 16 个方格的形势定位矩阵，每个方格都代表着一种形势，每种形势对应着不同的策略。

单一

单一竞争形势指目前只有我方在参与，其他竞争者还没有参与进来。根据不同机会来源，单一竞争形势分为几种情况。

在老客户重复购买（图 5－1 中 A-a 区域）的情况下，如果没有出现特别大的问题，客户一般不会找别人。如果是老客户购买新产品，即交叉采购（图 5－1 中 A-b 区域），客户一般会优先跟我方谈。

上述两种情况，销售应该尽快做出回应，尽可能满足客户需求，让客户尽快做决策，尽可能减少客户寻找其他供应商进行比较的可能。因为客户已经使用过我们的产品，毕竟改变使用习惯、更换供应商的风险是比较大的，同时更换供应商还会有沉没成本及其他额外成本发生，所以对于单一形势下的重复采购和交叉采购，策略就是要非常快速。

单一竞争形势下的另两种情况是，我方率先进入了新的空白销售领域，或者是我方抓住了竞争对手老客户的销售机会，目前只有我们一家供应商参与，这种情况下要尽快确立我方优势、植入我方标准，让客户建立与我方独特优势相关的标准，以应对后期各种可能的变化，包括新竞争者的加入。

所以即使是单一形势，销售机会来源不同，具体策略也不同。

领先

在领先的竞争形势下，如果是客户重复采购（图 5－1 中的 B-a 区域）或交叉采购（图 5－1 中的 B-b 区域），即已经有竞争对手参与，只不过我方略领先一些，这种情况下我们就要分析客户不直接从我方采购的原因，为什么还要寻找其他供应商进行比较。

销售必须找到背后的原因，分析原因并解决问题。如果不知道客户为什么对我方不满，仍然按部就班跟着客户的流程走或跟着竞争对手的节奏走，就会出现大问题。别忘了，这是在我们的老客户这里，是我们的地盘，我方处于领先地位，不可掉以轻心。

同样，如果在领先的竞争形势下遇到客户新购买机会（图 5－1 中 B-c 区域）或竞争对手老客户的购买机会（图 5－1 中 B-d 区域），这时候要看如何在放大优势的基础上尽快推进。同样是领先的竞争形势，面对全新空白客户和竞争对手老客户，销售策略也不尽相同。

平手

在平手的竞争形势下，如果是老客户重复采购（图 5－1 中 C-a 区域）或交叉采购（图 5－1 中 C-b 区域），虽说是自己的老客户，但在客户看来我方和竞争对手没什么不同，旗鼓相当，这对我方是很大的问题和风险。为什么自己的老客户会觉得我方和一个陌生供应商没什么区别呢？

这时候要做的是重新甄别和评估，这个销售机会我们还要继续争取吗？这个客户是我们要持续经营的客户吗？如果回答为“是”，那么想摆脱平手状态、重回领先优势，后续应该采取什么策略？如何改变？如何把既有的合作关系的优势发挥出来？是否需要找到额外资源或优势来强化我方的地位？

对于平手竞争形势下的新机会（图 5－1 中 C-c 区域）或竞争机会（图 5－1 中 C-d 区域），要做的是想办法寻求突破或者争取先机。如果是竞争对手的老客户，我们打成了平手，说明还是有些成效的，这时候销售人员要思考：如何继续基于客户需求放大我方优势或者如何通过寻找新的差异点从而变为领先？如何把客户选择竞争对手的顾虑扩大？如何放大客户选择竞争对手的风险点？这都是平手状态下的突破策略。

落后

在我方处于落后的竞争形势时，老客户重复采购（图 5－1 中D-a区域）和交叉采购（图 5－1 中 D-b 区域）将是很悲惨的事。自己的老客户，原本应该选择我方的，却不用我们用别人了，不是我们主动放弃的，会是什么原因？

面对自己老客户的销售机会，我方却处于落后形势，这个问题很严重。这时候必须寻找问题根源，看看到底发生了什么。想想应该如何面对和解决问题，或者评估要不要解决、能不能解决。

对于落后形势下的新客户（图 5－1 中 D-c 区域）或者竞争对手客户（图 5－1 中 D-d 区域），如果想做这个项目，按部就班肯定不行，销售要想办法做出改变，比如改变评估规则、引入新人、重构标准、寻找新的突破口，也可以扩大影响决策的力量圈或者想办法找可能的第三方影响决策层。

通过以上分析我们发现，不同机会来源和不同竞争形势相交叉形成 16 种形势定位，应根据每个位置分别制定策略。

针对每一个位置有相应的策略，但策略并不是线性、唯一、必然的，并非只要在这个位置上就一定用这个策略，策略的制定还会涉及很多因素，如所处的采购阶段、客户的紧迫程度、覆盖的角色和人员、客户需求清晰度和个人需求满足度等。所以要综合分析每个位置的具体情况，然后才能找到更精准有效的策略。

有了这个基本定位，就可以结合形势三维矩阵一起分析了。也就是说，有了“机会来源”“竞争形势”的两个基本定位后，就可以再结合所处阶段、紧迫程度进行修正，从而制定出更加精准的策略。

比如，某项目来源于“交叉销售”机会，处于“领先”的竞争形势，交叉销售且领先，看起来不错，但实际上在这个项目中客户生了二心。这时候就要再看其他因素。

考虑项目所处的销售阶段。

在“意向阶段”暂时领先，未必是真的领先，因为时间还早，后面的路还很长，有各种不确定性。这种情况下销售应该做些什么？应该重新梳理需求、巩固强化现有使用者的共识，找到内部支持者，放大原有的合作优势。让原有使用者更加认同我方，在巩固信任的基础上，尽快把销售阶段从“意向”推向“方案”阶段，发掘客户深层需求，让需求更加紧迫，使客户不再三心二意，不再寻找其他方案。

在“商务阶段”领先，那么销售要做的是排除顾虑，看看客户对选择我方还有什么不满或担心，把客户的顾虑排除掉。还要想想，是什么原因使客户觉得竞争对手好？或者说，客户想尝试换一换，改为用其他供应商的产品，这么做对客户来说有什么风险或顾虑吗？可能用户选择竞争对手产品带来的不确定性和风险更大，还可能带来其他关联损失。在客户选择的天平上，风险、成本、不确定性那一侧给客户带来更大的压力，因而我方支持者有机会有效地推进项目，使项目朝着对我方有利的方向前进。

项目基本定位和所处阶段、紧迫程度的组合非常多，每种情况都有其特殊背景，也会有一些基本规律。在实践中，针对每个项目多多分析思考，我们便可以制定出更有效的策略。

我们谈到的形势定位，核心是针对“机会来源”和“竞争形势”找到基本定位，然后结合三维矩阵以及角色覆盖、客户需求满足度、客户方案认同度等因素，综合制定针对性的策略。

这些思考过程本身有些复杂，完全靠销售人员自己思考确实有些吃力，个人独自思考也不能保证每个项目都能分析得如此精细、精准。所以，我们把这套方法嵌入赢单罗盘中，各种要素组合的分析以及对应的策略建议，都会通过赢单罗盘直接给到每位使用者。

策略源于形势，形势要看全局。

不谋全局者，不足谋一隅。

演练

1. 基于之前所选择的单一销售目标，分析项目的形势定位。

项目名称：________________

单一销售目标：________________

竞争形势是________________机会来源是________________

项目在形势定位矩阵中的位置是________________

你认为可能的策略是________________

2. 请结合形势定位，再结合形势三维分析以下内容。

所处销售阶段是________________

你认为可能的策略是________________

客户紧迫度是________________

你认为可能的策略是________________

3. 经过以上分析，思考给你的最大启发。

给我带来的启发是________________

接下来我要做的是________________

22. 布局原则

当我们面对一个销售机会，应该如何推进?

有人说“搞定老大”，有人说“做关系”，有人说“搞清楚需求”，有人说“找资源”，有人会说“盯住对手”，众说纷纭。这些是最有效的推进策略吗?

前面谈到了形势定位，推进策略应该是基于形势定位的。不同形势下，推进策略不同，切入的角度各异。形势分析的角度很多，在制定策略、排兵布阵之前，在解决每个具体问题之前，有一些战略性、方针性、原则性、总体性的思考是首先要关注的。

策略制定过程中，有些原则方针不可违背。

布局总体原则，相当于总方针。这些总原则和总方针，是超越每个具体行动的，是每个项目都要遵从的，是每个销售机会推进过程中都要遵循和参照的。

在销售的总体布局方针和原则方面，毛泽东军事思想的几个观点非常有借鉴价值。

群众思维

动员和依靠群众。

我们知道，群众的力量是巨大的。在销售中，谁是我们的群众呢？我们要动员和依靠谁来取得销售的成功呢？动员和依靠群众对我们做销售意味着什么呢？

在如今的经济和社会环境下，最终决策者自己独断决策的越来越少，他们更多地让团队思考、让团队提议决策、让团队自主执行，更多地让中层管理者带领基层业务员工共同决策，大家群策群力。组织注重激活个体的智慧，共同完成一个个组织目标。

在销售实战中我发现，使用部门的使用意愿、选择意愿越来越重要，其影响力也越来越凸显。“动员和依靠群众”，在销售中，“群众”更多指业务部门、产品使用者、终端用户，以及相应的筛选者和把关者。动员和依靠用户，动员和依靠客户内部的业务部门、基层员工，就是在动员和依靠群众。

根据地思维

首先在反动统治力量最薄弱的广大农村建立革命根据地。

面对一个销售机会，“竞争者”包括竞争对手以及客户内部的抵制者和反对者。在与这些“对手”竞争时，除了分析我方自己的优势 ，也要分析“对手”的优势兵力在哪里，在客户组织中的什么地方，在客户的哪些认知中，在客户决策链的哪个部位，在哪些角色和人员中。我们要找到“反动统治力量最薄弱”的环节和地方，在那里建立自己的根据地，发展自己的力量。

“反动统治力量最薄弱”的环节，可能是一些人，可能是方案里的一些需求，也可能是大家对某些事情的认知和看法，总之销售需要找到对方最薄弱的环节，然后在这里建立或放大我方的优势，找到我方的支持者，建立我方生存和发展的空间。没有根据地就没有生存空间，没有生存空间就不可能胜利。所以根据地思维是布局的重要原则。

团结思维

团结一切可以团结的力量。

如此看来，可以团结的力量非常多。比如，朋友的朋友，会是我们的朋友。敌人的敌人，可能是我们的朋友。那朋友的敌人呢？朋友的敌人，未必是我们的敌人。比如，A 公司和 B 公司两家是合作伙伴，A 和 B 是同盟。A 在对抗 C，A 和 C 是竞争关系。那么 B 和 C 呢，一定是对抗关系吗？未必，可能在某些销售机会中 B 会协助 A 与 C 竞争，可能在其他销售机会里 B 和 C 也是合作关系。再比如，你的支持者是信息部，信息部在客户内部的“敌人”是营销中心，那么作为销售，你和营销中心是“敌人”关系吗？未必。

朋友的敌人，未必是你的敌人。同理，敌人的朋友，未必是你的敌人。敌人的合作伙伴，也可以成为我们的合作伙伴，我们要有“团结”思维，基于生态连接和合作整合，没有永远的敌人，更没有一定的敌人。

矛盾思维

利用一切可以利用的矛盾。

有人的地方就有江湖，有人的地方就有矛盾。

人生活在矛盾中，一个人对现状的感受和对未来的期望，也会充满矛盾。销售要能够敏锐捕捉客户对现状认知与未来期望之间的差距，这个矛盾是销售的起源，也是需求和销售目标的源头。客户的需求和方案的匹配度也是一种矛盾。客户拿到了 A 的方案，认为 A 的方案有一些不足，离自己的期望还有一点距离，这个距离也是矛盾。

客户组织中也经常有矛盾。组织内负责对外经营的部门和负责对内管理的部门，运营中难免有些小摩擦。这些摩擦对销售来讲是可以利用的矛盾，产品、方案、服务就是要帮客户解决这些矛盾。

利用一切可以利用的矛盾。人际之间、团队之间、业务之间、部门之间、公司之间以及现在工作处理方式与未来方式之间的矛盾，都应为销售所用。销售要发现和利用矛盾并且借以创造机会，要有甄别矛盾的能力，找到一切可以利用的矛盾，去满足客户需求，成就客户的同时成就自己。

有了群众才有基础，有了根据地才有立脚的地方，团结可以团结的力量，利用任何可能的矛盾，这些思想对销售制定布局策略很有借鉴意义。

在策略思维、策略销售理论和赢单罗盘的应用中，我们把这些方针原则结合具体的销售实践场景做了进一步总结梳理，制定出四条布局的基本原则，分别是教练原则、根据地原则、应用为王原则、固强制弱原则。

教练原则

教练在大客户销售中是一个非常重要的角色，他可以为我们提供重要信息，帮我们评估关键人态度，针对我们的策略和计划提出意见或建议。

每次项目分析，我们先要检查自己有没有教练。每次布局和行动，先看教练在哪里。如果当前分析中发现自己还没有教练，就先要思考谁是教练的最佳人选，然后在销售中不断接触，逐步发展他成为我们的教练。如果已经有了教练，就要评估目前他的级别如何，能否帮助我们取得成功，是否需要往更高层级去寻找自己的教练。

有了教练，对一些不确定或未知情况，就可以向教练了解或验证，从教练那里获得独特有效的信息或者确认模糊信息。另外，对于重要的推进策略和行动计划、对关键人采取的重要动作，行动之前都要和教练协商，听取教练的建议和叮嘱。所以教练在策略布局中非常关键，销售必须要有教练，有好教练，并且要用好教练。

根据地原则

销售必须要有自己的根据地。赢单，不是因为没有反对者，而是因为有支持者。我们的支持者在哪里？我们立脚的地方在哪里？这是非常重要的问题。

没有根据地，只能打游击。销售需要在客户公司中建立自己的根据地，发展支持者，有支持才有可能成功，有了根据地才有自己的地盘，才能站稳脚跟，才有机会取得胜利。

应用为王原则

销售必须关注产品和解决方案是否真正满足客户需求。销售应思考如下问题：真正的用户是谁？他们的需求是什么？他们目前处境怎么样？他们需要什么样的产品和解决方案？产品和解决方案达到哪些要求才能帮他们解决问题、实现目标？

不关注应用的销售不是真正的价值发现者、连接者和创造者。如果使用单位或终端用户不说好，再高超的销售技巧，再有效的销售策略，也只是雕虫小技。不能为客户创造价值，不能让客户满意，不能达到甚至超越客户预期，没有真正的应用，没有商业结果，没有价值，或许可以取得一时的胜利，却无法取得最终的成功。

固强制弱原则

销售需要在行动中不断巩固强化根据地和既有优势。如果忽略已有优势，将已有的优势抛在脑后置之不理，不断去发展新的支持者、建立新的优势，不断解决当前存在的问题，会事倍功半，有多少资源都会被浪费掉。

时刻巩固现有优势。销售最大的资源就是客户的信任和支持，要不断巩固和强化自己的优势，关注优势各种可能的微妙变化，避免在不经意间失去已有的优势，避免优势被竞争对手瓦解。

利用已有优势去削弱和撬动劣势。面对劣势和风险，销售人员不要自己贸然冲进去，不要一心想着如何用自己的资源去搞定。可以向支持者征询意见，看看他们是如何看待这个劣势和风险的，问问他们的想法、建议。避免过于着急，没有考虑周全就贸然行动而丢掉了自己的原有优势，得不偿失。

无论是毛泽东军事思想，还是我们梳理总结的布局总原则，在实战中要能够具体应用和落地。

当我们面对一个项目时，到底应该怎么行动？先干什么、后干什么？经过多年分析研究，结合海量企业大单的实战验证，我们研究分析那些赢单项目的做法，萃取总结出基于项目策略的一般行动顺序，供销售人员在制定策略和布局时使用。

第一步，先教练，任何一次行动必须先和教练联系、沟通。没有教练就先发展教练。有教练就向他寻求有效信息或者确认不确定的信息。如果有高级别的教练，可以跟他共同商讨当前销售形势，研讨后续策略和行动计划，评估所制定的行动计划是否安全有效、是否最佳行动方案。

第二步，固强，巩固强化优势。客户中支持度在“＋3”以上的角色，业务需求明确或达成共识，个人赢明确或达成共识，反馈模式是如虎添翼和亡羊补牢，这些都是销售中的优势或机会。销售需要不断确认、巩固并强化优势，避免既有支持者流失、既有优势弱化。

第三步，发展，发展中间力量。巩固优势之后，要发展中间的力量，争取让中间力量成为支持者或积极推动者。中间力量包括对我们感兴趣（+2）、认知相同（+1）、应该不会拒绝（+1）和不感兴趣（−2）的角色，即那些不是特别强烈反对的力量，这里面包括：需求不是很明确但也不抵制的人，参与度不是很高、态度不是很积极的人，在使用部门可能被我方也被竞争对手忽略的角色。销售要做的是，主动发展、主动接触、主动探寻了解，和他们一起研讨现状、处境和需求，探讨可能的方案。销售应该留有时间和精力，发展更多支持力量。

第四步，制弱，削弱反对力量。反对力量指支持度在−5～−3 的那些人，这里面包括了所有的消极、劣势、未知、不确定。对于这些力量，销售要用优势去撬动，具体做法是和教练探讨，和支持度在+3 以上的人沟通并征询其意见。

有很多销售发现项目哪里有问题就马上跑去解决这个问题，哪里有风险就马上跑去搞定这个风险，看到项目哪里有反对的人就马上去找反对的人。最后发现，这就像打地鼠游戏一样，不断有新的问题冒出来，销售应接不暇，忙成一团，甚至可能失去原有的优势。忙过一番之后，不仅没捡到西瓜，还丢了芝麻。

所以，销售要多和教练商量，巩固既有优势，发展中间力量，针对风险和反对力量用自己的优势力量去制衡。

策略制定过程中的另一个问题是销售面对不同角色的常规顺序。首先，关注可能的教练在哪里。其次，检查客户的应用部门和应用需求，关注使用者的需求，看需求有没有显性化，我方有没有满足他们的需求，有没有达成共识。再次，看方案被提议之后，还会有哪些人评估、评审，也就是看技术选型者和标准把关者有哪些人，他们在哪里。最后，考虑如何整合使用者和技术选型者的意见并向最终决策者汇报。不一定是销售人员自己直接向最终决策者汇报，销售可能是在使用部门和标准把关部门中找到自己的支持者和拥护者之后，请他们向决策层提出建议。销售要充分利用优势、利用内部力量向最终决策者提议和施加影响。

这个“教练—使用者—技术选型者—最终决策者”的路径，是整个项目推进过程的总顺序，也是每次项目分析时应逐项检查的必要过程。

无论是毛泽东军事思想中的动员和依靠群众、在反动力量最薄弱的环节建立革命根据地、团结一切可以团结的力量、利用一切可以利用的矛盾，还是我们总结归纳的教练原则、根据地原则、应用为王原则、固强制弱原则布局四原则，还是在分析和行动中的先教练、巩固强化优势、发展支持力量、削弱反对力量四个步骤，有了这些布局的总体原则、基本章法和步骤，只要在实际销售中逐项检查按步落实，打法就不会乱。

如此布局之后你会发现，原来还有这么多工作可以做，还有那么多不确定之处要去落实，还有那么多人要去拜访，还有这么多事情要处理。

实际考虑布局的过程，是优势盘点的过程，也是发现不确定性和潜在风险的过程，这恰恰是策略分析的核心任务和最大价值。

事不怕繁，心就怕杂。

有了章法，心不会乱。

演练

1. 基于之前所选择的单一销售目标，根据总体布局原则进行分析。

项目名称：________________________________

单一销售目标：______________________________

教练原则：目前状态是____________可以做的是____________

根据地原则：目前状态是__________可以做的是__________

应用为王原则：目前状态是__________可以做的是__________

固强制弱原则：目前状态是__________可以做的是__________

2. 请结合上述分析，初拟策略和行动的顺序及要点。

先教练，可以做的是____

巩固强化优势，可以做的是__________________________________

发展中间力量，可以做的是__________________________________

削弱反对力量，可以做的是__________________________________

3. 经过以上分析，思考给你最大的启发。

给我带来的启发是____

接下来我要做的是____

23. 战术要点

考虑全局之后，就涉及与每个人打交道。说到与人打交道，问题来了。一个大项目中的角色有四角九力，涉及的人形形色色，如何与决策者打交道？如何与使用者沟通？如何应对把关者？如果对方积极主动，我们该怎么办？如果对方急于解决问题，又该如何处理？如果对方我行我素、事不关己，又该如何应对呢？

面对客户公司中不同角色、不同态度的人，销售人员在行动中有什么技巧和要点？如何应对不同角色、不同态度的人？本节重点讨论应对策略与战术要点。

最终决策者：支点＋战略

应对最终决策者时销售经常遇到很多挑战：不知道谁是最终决策者，被阻挡见不到，见面有压力……我们往往有一种惯性思维——对于客户的最终决策者，销售必须自己去搞定！在销售过程中，当销售希望直接与决策者联系时，客户中的联络人、业务部门、选型者、把关者会加以阻挡。

有时候这种阻挡是人之常情，因为安排销售和决策者见面，对联络人来说是一种未知或不可控的风险，出于自我保护和安全的考虑，联络人要把局面控制在自己可控范围之内。

当销售试图绕过联络人或凭借良好的高层关系压制联络人，联络人是什么感受呢？是帮助销售解决问题还是感觉被忽略而开始与销售产生敌对？所以，应考虑阻挡者的诉求和个人赢，想办法让阻挡者在老板面前更有面子、工作更出色，这样阻挡者就会对销售有更多信任。

应对最终决策者的核心要点是什么？很多人认为是“职级对等”——让我方的老大去搞定客户的老大！让我方的高层去面对客户高层未必是最佳的方案。那么有什么要点吗？

第一，支点。想办法在客户组织内部找到一个支点，即影响最终决策者的内部支撑点。这个支点可能是提议决策者、项目负责人，可能是业务部门人员，也可能是标准把关者。销售应找到一个较受最终决策者信任、能向最终决策者提供有价值的信息、帮助决策者做出决策的人选。销售在客户公司中的这个支点能有效影响决策者的认知和想法。

影响最终决策者的支点不一定只有一个，可能是两个或三个。客户中合理的中下层人员在符合角色、权限和身份的情况下根据决策链和合理权限向最终决策者释放积极信号，进行合理汇报或适当交流，自然而然就能强化最终决策者的认知，成为最终决策者做决策的支撑力量。

很多销售认为，要搞定对方高层，我方的高层必须出面才可以，因为级别对等。也有些超级销售，一个人可以盘活整个局面，四两拨千斤，他们就是利用支点的力量，利用客户内部的“内部神经网络系统”，利用客户内部的汇报关系和决策链条，来传导信息和力量。

最理想的情况是支点基于自身的岗位职责、处境、诉求，销售帮助他做好本职工作，让支点本人及其他人感觉支点只是在做分内的工作，做应该做的事情，支点在无意识的情况下帮助了销售人员，销售只是协助他完成他的工作。

第二，战略。最终决策者一般有全局眼光和战略思维。销售在与最终决策者沟通时要与之保持同频，所以也应具备战略视角，和最终决策者沟通战略议题。不要和最终决策者谈功能，更不要谈产品，要谈的是组织发展、战略实施所需要的资源和能力。面对最终决策者，销售要把自己的思维调整到组织战略的高度，见最终决策者和见应用选型者、技术选型者的沟通状态不一样，沟通重点也不同。

应用选型者：需求+共创

需求为先，应用为王。没有业务部门就没有业务需求，业务部门不提出需求，其他部门就没办法评审、论证，决策者也没办法直接做出决策。同时，产品和方案只有被用户得以成功应用，才能带来业务结果。所以使用人员的意愿、反馈和评价显得尤为重要。

关注应用选型者的需求，具体来讲就是关注他们的工作状态、真实处境和内心感受。应用选型者是具体处理业务的人，有时候工作量很大、很复杂，他们需要被理解和认同。销售和这些人员交流时，应请他们分享自己的工作内容、处境和感受，以及做出改变的动机和期望，这样做比给他们讲产品更有用。与产品或方案的使用者交流时，销售人员努力去了解他们的处境、想法、感受，让他们多分享，他们会感觉更轻松、愉悦，更愿意交流。他们感觉自己被理解后，双方也更有共同语言，沟通也更富有成效。

销售要与应用人员共创解决方案，共创应用场景，而不是给他们提出方案。销售不要在了解需求之后便说：“好，我有一个产品、方案给你，刚好解决你的问题。”这么说会让对方感觉上当了。销售应该基于应用人员谈到的现状、问题和期望与他们一起探讨，用什么方法解决，采用什么样的方案是最有效的，如何应用我们的资源和优势帮他们实现目标和解决问题。

销售要与应用人员讨论产品或方案未来的应用场景，而不是讨论产品或方案本身。应用人员更关注自己未来的工作方式和场景，关注使用后的效果。销售跟应用人员一起研讨和共创解决方案，必要时可以给他们提出一些专业建议或第三方的最佳实践，作为参考。销售人员应具备这种专业能力，并在沟通前做充足的准备。最佳实践和专业建议不要强加给对方，而是在互动交流中和对方一起探讨。

技术选型者：标准＋尊重

技术选型者负责标准和规范，掌握着评估的标准。销售要了解每位技术选型者分别关注什么标准，更关注哪一条制度或原则，对于每个人来说不能突破的原则分别是什么。每个技术选型人员都会有自己的视角和标准，销售需要了解每位技术选型者的关注点，切勿一概而论。

对技术选型者要有足够的尊重。他们是“说你行，你不一定行”“说你不行，你一定不行”的人，他们没有最终决策权，他们的要求或标准在总需求中并不是非常重要，这时候他们的内心深处和潜意识里难免有“我被忽略”“他们认为我说了不算”的想法。这种情况下，销售更不能忽略技术选型者的存在，要更尊重他们，尊重他们的存在，尊重他们的标准、想法、感受。否则，技术选型者会感觉被忽略，会想证明自己的影响，可能会形成阻力。

销售在搞不定时常常找专家去对付，他们认为专家更关注技术。这时候不要忽略一个问题：技术选型者确实关注技术和标准，但同时也希望得到尊重和认可。当我方的专家顾问去找客户的技术选型者沟通时，技术选型者可能对自己的标准非常强硬、坚持，这时候如果我方专家顾问也坚持自己的观点和看法，结果可想而知，双方难免会就技术和标准有不同意见，甚至会发生争执，技术选型者会对此感觉非常不舒服，从而成为销售成功路上的障碍。不要试图说服技术选型者，尊重他们及其观点，考虑他们的赢是什么，销售和技术选型者一起探索符合双方期望的方案，这比说服更稳妥。

教练：信息＋协商

教练的作用不言而喻。他真心希望我们赢。他能给我们独特、有效、有用的信息，能帮我们评估关键人的态度，告诉我们很多客户内部的决策和信息，这对于制定策略和行动计划非常重要。销售需要随时和教练交流探讨，从教练那里探寻、了解、获取不知道的信息，向教练确认不确定的信息。

在行动之前，销售应与教练协商接下来的行动计划，征询教练的意见。在对关键人员采取行动之前，更要和教练提前沟通探讨，切忌在教练不知情的情况下行动。一方面，销售的行动教练事后才知道，这会让教练感觉不舒服，双方失去互信关系，失去信任会让销售失去教练或教练级别降低。另一方面，教练是了解客户内部情况的人，是被决策层信任的人，销售是否考虑周全了，还有哪些地方欠妥，还需要注意什么，教练会给出最有价值的指导，这些会让销售的行动更稳妥有效。

针对上述四类角色，我们分别提炼了两个关键词，这是被实践证明有效的应对策略和方法。在面对不同角色时，应用这些策略，能够帮助销售找到应对方法，大大提升行动效果。

销售人员在实践中除了要应对客户公司中的不同角色，还要面对决策影响者各种各样的态度，面对不同态度，也有一些注意事项。

客户中有人积极，有人消极；有人无所谓，有人很自满。那么，对于不同反馈模式，有哪些基本的应对要点和方式呢？

针对如虎添翼、亡羊补牢、我行我素、班门弄斧四种不同的反馈模式，如果用同样的方式去回应，很难达到预期效果，有时还会起到反作用，引起对方的不适和抵制。

如虎添翼：给愿景

现状不差，期望越来越好。销售要做的就是结合对方的期望，给出更多愿景和想象空间，给客户更美好的未来憧憬，让客户看到更多可能性，帮他们找到更好的方案和选择。基于销售描述的愿景，客户更乐于采取行动。

亡羊补牢：解问题

期望平平，现状遇到问题。客户有问题要解决，销售这时候与对方进行技术交流，全面介绍解决方案，带对方参观，往往都是无效的。对方非常急切地想要解决问题，因此销售应该先精准地了解问题所在，确认对问题的理解，与客户一起分析问题产生的原因，然后利用我方的方案、产品、优势、资源，一起探讨解决问题的具体措施，一起制定解决方案并评估方案的可行性和有效性。

我行我素：转处境

现状不差，期望平平，没必要改变什么。没遇到什么问题，也没有什么新的期望，对这种情况，先要改变客户对处境的认知，否则无论销售说什么对方都觉得事不关己。比如，考虑用讲故事的方式，给客户展现更好的愿景，让他们看到更美好的未来；使用第三方客户问题清单，分析目前的潜在问题，让客户能够理性认识现实。探讨存在的问题时要讲究策略，最好用迂回婉转的方式探讨，用第三方案例对比，不要直接指出对方的问题，这样会让对方产生更多的抗拒。

班门弄斧：先释放

自我感觉非常好，对现状非常满意，感觉现状好过了预期。这种情况下，让客户回到现实是比较困难的。不急于改变对方，用柔和的方式去交流，让客户释放自满，尽情分享心得、想法、做法，有效释放之后他们就会更舒服。同时，真正赢单是因为有推动力量，而不是因为有消极或阻碍力量，所以要把更多时间和精力投入到有积极态度的人员中去。对于持“班门弄斧”态度的人，可以用时间换空间，耐心等待比直接泼冷水要好。

以上从客户角色、反馈模式两个角度谈了战术要点。

有时候这两者是相互组合的。比如一位应用选型者的反馈模式是亡羊补牢，这时候就要了解他在工作中的具体问题是什么，一起找到问题的解决方案。如果遇到一位班门弄斧的技术选型者，那么就要看他对标准有什么要求，同时尊重他，让他当众释放自己的自满。所以，角色对应不同反馈模式，要综合考虑应对方式，制定相应战术。

针对不同的属性及状态制定策略，才是真正从对方的角度出发。

顺势而为，而非刻舟求剑。

演练

1. 根据之前所选择的单一销售目标，分析面向不同角色的行动要点。

项目名称：______________________________

单一销售目标：______________________________

针对最终决策者，客户人员是__________行动计划是__________

针对应用选型者，客户人员是__________行动计划是__________

针对技术选型者，客户人员是__________行动计划是__________

针对教练，客户人员是_____________行动计划是_____________

2. 请结合上述分析，分析面向不同反馈模式的行动要点。

针对如虎添翼，具体人员有___________行动计划是___________

针对亡羊补牢，具体人员有___________行动计划是___________

针对我行我素，具体人员有___________行动计划是___________

针对班门弄斧，具体人员有___________行动计划是___________

3. 经过以上分析，思考你得到的最大启发。

给我带来的启发是____

接下来我要做的是____

24. 行动部署

实际销售中都有哪些具体行动呢？

大家想到的可能是拜访、讲方案、调研、高层互访、公关等。很多时候，我们并没有认真梳理销售的行动类型，没有分析在不同情况下、针对不同角色、在不同阶段采取的行动，大家都是根据经验和感觉并按照既有的套路做事，可能忽略了总体形势，可能缺少总体策略，可能没考虑布局原则，总之缺少有效的章法。

销售都有哪些行动类型？这些不同类型行动的核心要点是什么？每个阶段应该采取什么行动？面对不同态度的多种角色，采取什么行动更有效？这里我们共同探讨。

经过统计分析，我们总结了七种类型的销售行动。

技术交流

在彼此没有深入了解的情况下，客户对我方还没有认知，双方需要促进对彼此的了解，与客户建立初步信任。销售需要基于对客户行业的理解简要介绍我方公司及成功案例。这时候跟客户交流，销售不要讲产品、技术或方案本身，而应更多地谈行业趋势，谈在这个领域中我们帮同行业客户做了什么，取得了什么效果，从而建立暂时信任、激发客户兴趣，继而让客户敞开心扉，分享他们的实际情况，探讨合作意向和可能的机会。

需求调研

需求调研是深入了解客户业务现状和需求的关键行动。销售人员应根据自己的计划和流程安排，对相关部门领导和员工进行访谈，深入了解客户的业务现状以及目前存在的问题，与客户共同分析问题产生的原因，探讨解决问题的方法。调研过程不是销售过程，不是向客户推销什么。需求调研的目的是真正了解客户，包括客户战略、业务举措，和客户一起探讨问题（潜在需求），从而帮客户梳理清楚战略和业务需要什么能力支撑，进而形成客户的购买需求和我方的销售机会。另外，客户界面无小事，调研过程体现出来的专业度、敬业度，通过提问引发深度思考、通过研讨带出专业建议的整个过程给客户留下的良好感觉和印象，也是一种销售行为。

方案呈现

技术交流和需求调研后，在深入了解客户需求和现状的基础上，销售就开始基于客户战略、组织、业务特征，梳理与客户研讨的目标、障碍、问题、方案、价值等，在此基础上形成与客户共同制定的解决方案，向客户高层或相关角色进行呈现汇报。汇报应包含主要思路、关键内容及应用价值，征询并确认大家的意见。与技术交流不同的是，方案呈现环节呈现的是基于客户实际需求为客户定制的个性化解决方案或实施方案。

产品体验

通过产品应用场景展示或亲自体验产品应用，客户可以了解产品特定功能和优势，看到问题是如何被解决的、需求是如何被满足的。这项活动可以帮助客户体验未来的业务处理方式和应用场景，感受这次采购能带来的效果。产品体验不仅能帮助客户感知未来的理想应用场景，而且是证明我方能力的一种方式。

客户参观

在必要的时候，邀请客户相关人员参观我方公司或样板客户。通过考察我方公司，客户对我方公司的组织、文化、实力会有更多了解；通过参观样板客户，客户可以了解产品方案在现场的应用场景和具体效果，验证销售人员的陈述，强化信心。

拜访

销售人员拜访客户是指礼节性或商务性的正式拜访，可能是联络、安排，也可能是就一些议题进行深入沟通或交流。在实际销售中，客户拜访环节存在着严重问题，很多拜访过于随意：没有关注不同角色的关注点，没有针对性地做充分准备，没有建立双方会面预期，没有设定拜访要达成的目标和效果。另外，拜访中寒暄多，谈正事少，或者只顾就事论事，直接谈产品、方案、需求，缺少与客户有效互动的设计和准备。拜访后的必要评估也常常是缺失的，无论是拜访效果评估，还是双方关系评估。实际工作中销售人员拜访做得多，存在的问题也严重，改进空间很大。

公关

公关是指与客户拉近关系的各种商务活动，比如跟客户在咖啡厅深入聊一个行业话题，跟客户就某个领域内的特定事件做一次深入探讨，跟客户一起外出参加一个行业会议。公关不是一对一或一对多的正式拜访，而是在特定场景下，双方比较随意或私人的交流活动。

上述七种主要的销售活动，是销售人员的常见工作内容。

但这些活动在什么时间做、跟谁做呢？这是一个非常重要的问题。很多销售人员碰到一个客户就一直去拜访，反复去拜访，没有任何其他动作，就试图让客户埋单。有的销售人员，出门就带着顾问和专家，见到客户就不断呈现方案、讲产品、做演示，缺少对客户需求的了解，甚至没有个人之间的交流互动。

接下来，我们进一步讨论，销售活动与销售所处阶段、角色和态度之间有什么关系。

活动与阶段

在什么阶段做什么事。

早期意向阶段，销售主要做交流和调研，加上适度的拜访。如果项目刚刚开始，一上来就呈现方案、体验产品，或者一上来就开始公关，难免会让客户感觉“你还没了解我的需求，还不知道我要什么，上来就说你们的产品适合我，不靠谱”。这样不容易赢得客户信任。

方案阶段除了必要的交流和调研，应该呈现方案和优势了。通过产品体验或应用场景呈现，客户对需求如何满足、目标如何实现可以产生直观的认知和感受。在方案阶段，销售还应该和客户有一些人际间的交流和互动，拉近双方的关系。

商务阶段客户认知已经形成，再做交流和调研意义不大。在这一阶段除了产品体验之外，重要的是要验证能力、验证价值，同时强化双方信任关系。在商务阶段安排客户参观、考察、高层互访，或者彼此较深入的洽谈，都是合理的做法。

到了即将成交或招投标阶段，技术手段、方案交流已经不太适合了。这时候客户的方案已经确定，标准已经确定，要做决策了。这时候客户需要验证相应能力和实力、对比评估方案，尽可能减少决策压力。这时候在表面上的过多行为、过多动作都显得不合适，临时抱佛脚意义不大，销售要做的是和教练及支持者保持密切联系。各项活动与销售阶段的对应如表5-1所示。

表5-1　活动—阶段模型

活动	意向	方案	商务	成交
技术交流	+++	++	--	----
需求调研	+++	+++	---	----
方案呈现	---	+++	+	---
产品体验	---	++	++	---
客户参观	--	+	+++	+
拜访	+	-	+	--
公关	--	+	+++	+

注："+"代表适合的程度，"-"代表不适合的程度。该模型因行业不同而有差异。

活动与角色

见什么人，做什么事。

需求调研、方案呈现、产品体验这些活动不适合去找最终决策者。与最终决策者必要的交流是需要的，必要的呈现和参观也是需要的。我们较少对最终决策者做深入访谈，诸如企业战略和业务方向这些问题可以通过下面部门人员了解，这是销售应该提前做好的功课。面对最终决策者销售要更多地领会他的战略、征询他的指导意见，同时适当呈现我方优势。这是比较稳妥的方法。

最主要的技术交流、需求调研、方案呈现、产品体验，应该针对应用选型者去做。销售通过应用人员了解业务需求，与其共创解决方案，预见未来应用场景，形成方案共识。

对于技术选型者，销售更多通过技术交流、调研、体验、参观这些活动让他们看到其关心的标准和规范是在什么场景和环节下如何被有效满足的。

不需要带教练不断参观或体验，也不需要与教练进行太多需求调研或方案呈现的工作。到中后期双方已经建立了信任关系，与教练保持密切交流特别重要。销售活动与角色的关系如表 5－2 所示。

表 5－2　活动—角色模型

活动	应用选型者	技术选型者	最终决策者	教练
技术交流	＋＋	＋	＋	－－－
需求调研	＋＋＋	＋	－	－－－
方案呈现	＋＋＋	＋＋	＋	－－－
产品体验	＋＋＋	＋＋	＋	－－－
客户参观	＋＋	＋＋＋	＋＋	－
拜访	＋	＋	－	＋＋＋
公关	－－	＋＋	－	＋

注：“＋”代表适合的程度，“－”代表不适合的程度。该模型因行业不同而有差异。

活动与态度

反馈模式不同，行动也不一样。

对于如虎添翼型，要更多地了解他的期望是什么，跟他多做技术交流。可以通过参观，让客户看到未来可能的理想场景，从而需求得以满足、愿景得以实现。此外，适当的技术交流、需求调研、方案呈现、拜访也是必要的。

对于亡羊补牢型，做太多反倒没有效果。亡羊补牢型的人很聚焦，非常关注自己当前的问题。所以核心是做好技术交流和需求调研，了解他的问题是什么，有针对性地呈现问题的解决方案，通过具体应用场景解决问题。同时可以辅以适当的产品体验或参观，让他看到问题是如何有效解决的，排除其内心的顾虑。

我行我素型的客户没有新期望，也没什么问题，对这类人可以安排一些交流、调研和参观，让对方认清现实处境，引发其兴趣。因为我行我素型没有需求，对于方案呈现、产品体验、公关、拜访，客户是没感觉的。

班门弄斧型的客户觉得自己现在非常好，不需要做出任何改变，因此技术类活动（如需求调研、客户参观、技术交流、方案呈现、产品体验）对他们来讲都是包袱。保持适当联系，以柔和的方式交流就可以了。因为双方关系没那么密切，所以更谈不上公关活动。可以请他们参加一些会议或请他们出来做些分享，满足释放的需要。四种反馈模式适用的销售活动见表5-3。

表5-3　活动—反馈模型

活动	如虎添翼	亡羊补牢	我行我素	班门弄斧
技术交流	++	++	+	---
需求调研	++	+	+	--
方案呈现	+	++	--	-
产品体验	-	++	---	---
客户参观	+++	++	+	-
拜访	+	+	-	+
公关	--	---	--	---

注：“+”代表适合的程度，“-”代表不适合的程度。该模型因行业不同而有差异。

销售活动要根据客户风格、处境、所处阶段以及客户想要的方式来开展，满足对方期望，达成双赢结果，顺势而为。切勿基于自己的认知、习惯、优势开展销售活动，也不要死板地根据销售流程和步骤来做。

行动部署源于客户，才是真正以客户为中心；满足客户需求，行动才真正有效果，真正产生价值。把有限的行动和资源放到关键环节，事半功倍。

销售活动以客户为中心。

好钢用在刀刃上。

演练

1. 基于之前所选择的单一销售目标，分析销售活动类型要点。

项目名称：________________

单一销售目标：________________

项目当前阶段：________________

适合的活动：□技术交流　□需求调研　□方案呈现

□产品体验　□客户参观　□拜访　□公关

原因：________________

2. 请结合上述分析，分析面向不同角色的行动要点。

针对最终决策者，适合采取的行动是________________

针对应用选型者，适合采取的行动是________________

针对技术选型者，适合采取的行动是________________

针对教练，适合采取的行动是________________

3. 请结合上述分析，分析面向不同反馈模式的行动要点。

针对如虎添翼型，适合采取的行动是________________

针对亡羊补牢型，适合采取的行动是________________

针对我行我素型，适合采取的行动是________________

针对班门弄斧型，适合采取的行动是________________

4. 经过以上分析，思考你得到的最大启发。

给我带来的启发是________________

接下来我要做的是________________

25. 资源调配

说起资源，你会想到销售有哪些资源呢？

很多人会说行业专家、售前顾问、总经理、销售费用等。除此之外销售还有什么资源？销售资源对销售意味着什么呢？

大客户销售是团队作战，客户经理是导演、指挥官、作战的布局人。布局，就需要资源。成功的销售都是善用资源的人，发展、调动、维护资源是优秀销售的必备素质。有些销售总抱怨公司没资源，公司不支持。想一想，一个好销售可以洞察客户需求、满足客户需求，能搞定客户，为什么搞不定“内部客户”呢？为什么搞不定公司内的资源？“内部客户”不愿意支持你，不愿意跟你合作，为什么呢？优秀销售的特征是和内外客户都能发展良好的合作关系。资源不是靠公司分配，而是自己经营出来的。

客户就像一块璞玉，你要拿着一把刀精心雕琢，划一刀就有可能使这块玉的价值减半。合理有效地使用适当资源，能强化自己的优势，提高赢率。有很多因为用对资源而赢单的例子，你会发现资源用得恰到好处。同时，也有项目因为销售协调不到合理资源，只能临时用其他资源顶上，导致项目出了问题，没有用对资源导致丢单。错误使用资源，会将项目置于不可挽回的境地。不提前做准备，寄希望于现场调配资源，不是出色的销售。

销售中有哪些资源可用呢？

销售资源大致分为五类（见图 5－2）。第一类是人，包括专家顾问、公司高管等。第二类是钱，这是指销售费用，包括差旅费、招待费等。第三类是物，包括解决方案、产品说明书、样板客户资料等，这些物品帮销售增强客户认知，增进客户关系。第四类是时间，销售的时间是非常宝贵的资源，一位销售全年工作日有限，要完成工作任务合理分配时间很重要，时间永远是稀缺的。第五类是心，指销售的心思与精力，销售的精力有限，想想看工作中多少精力放到了客户身上，多少精力放到了公司内部事务（写报告、汇报、协调、报销等）上。

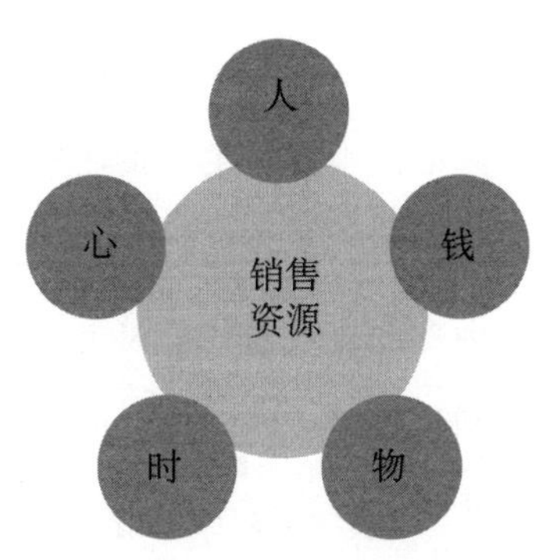

图 5－2　五类销售资源

无论是从事行业销售还是负责全国业务，销售人员需要积累多方资源。以下从几个层面梳理销售人员需要积累的资源。

（1）行业专家。在所在的领域，与行业协会、相关政府部门建立关系，关注和了解全国范围内的权威专家，多阅读他们的文章，参加他们出席的会议，这对于了解趋势、储备与客户聊天的话题、建立关系网络都很有价值。这些专家在业内有一定的知名度和影响力，是销售的重要资源。

（2）公司高管及内部专家。这类资源包括公司内部的高管、专家、产品经理、行业总监、行业顾问。在一些集团公司，很多销售只认识自己公司或部门的一些人，对总部的高管和专家不甚了解，对每个人的风格、擅长的领域以及对销售的支持力度知之甚少。这些是销售要依赖的资源。

（3）公司经理。你所在公司（部门）的经理以及有相关经验的兄弟公司（部门）经理可能做过同类型的项目，有丰富的经验，需要的时候，他们可能帮到你。

（4）样板客户。同行业样板客户也是宝贵的资源。样板客户是销售理解客户业务和应用价值的根据地，向客户学习，销售会收获不一样的视角和心得。样板客户也是非常好的例证，可以帮助销售说服目标客户。许多销售有这样的经历：潜在目标客户需要参观时，销售直接把样板客户的联系人和联系方式给目标客户，即便销售不在场，样板客户也会说服目标客户。成功的销售，都有几家他们不在场也会帮他们说话的样板客户，这样的样板客户需要销售用心经营。

（5）客户内部。客户内部的支持者、反对者、中立者、无关者都是销售的资源。没有支持者，销售无法成功。没有反对者，客户不会多角度评估和做出有效决策。没有各类人员的参与，就没有结果。

（6）合作伙伴。这包括同业伙伴和跨领域伙伴、同行公司。比如卖医疗设备给医院，想想还有谁在给这家医院供东西？太多了！网络的、安全的、软件的、大型设备的、工程的，等等。大家都在面向同一个客户做业务，一定有许多人与目标客户很熟悉。销售要会借力，会整合资源，会与合作伙伴一起玩。

（7）相关政策。公司的报价政策、优惠政策、管理政策等都是销售的工具和资源，这些资源甚至可以被用作谈判的筹码、坚持及后退的理由。

（8）工具资源。工具资源包括必要的说明书、宣传材料、解决方案等销售工具以及演示用的各种工具。工欲善其事，必先利其器。

（9）竞争对手。有人参与，才能在对比中胜出。有人陪标，才能中标。当销售把竞争对手看成赢单的资源时，布局会非常奇妙。

有了这些资源，应该怎么使用呢？

销售希望使用资源解决什么问题？也就是说，在动用资源之前，销售应该想清楚，为什么安排这次活动，源于什么策略，希望达到什么目标和效果。

任务目标和资源的匹配非常重要。销售要仔细思考以下问题：这次活动面向哪个客户角色，客户角色的关键需求是什么，态度和支持度怎么样？这次行动解决销售中的什么问题，希望达到什么目标和效果？配置这些资源希望完成的具体任务是什么，应该注意什么？销售应该清楚，如果调配的资源是人，你希望这个人做什么、达成什么结果。还要考虑这人是否最佳人选，希望他注意什么、不要做什么或不要说什么。

任务特点和资源风格的匹配也很重要。活动类型是在大场合宣讲还是在私密场合深谈，不同的活动类型需要不同类型的人来支持，比如是稳健型还是激情派。资源风格和任务特点匹配，也要和客户态度匹配。比如，客户的态度是班门弄斧，那么我方是也找个班门弄斧风格的专家呢，还是找个其他风格的人应对班门弄斧风格？再比如客户是亡羊补牢型的，那么是找个喜欢展现愿景、讲大趋势的顾问，还是找个能解决具体问题的顾问呢？答案显而易见。使用资源时要考虑匹配度，还要与资源（人物类型的资源）有充分沟通和互信，把你知道的信息充分给到对方，充分重视客户的风格和态度，从而做出有效安排。资源（人物类型的资源）对任务和客户有充分了解很重要。

对于人物类型的资源，要考虑他们的关注点和个人赢。销售要想一想："支持我的这个人，他最近关注什么，他的个人赢是什么。"这位支持者只是按部就班工作，还是真心支持，效果是不一样的。

销售还要充分利用客户内部的支持。客户支持是销售赢的基础，是销售的最大资源。稳固客户中现有资源，强化自己的优势，关注优势的变化，避免丢失现有优势。把客户中的支持者变成根据地，这是内部资源，可以寻求支持者对劣势和风险的看法，以及他们的建议。有效使用支持者是做大客户销售的智慧。

这些资源就像销售的百宝箱，销售使用前必须先弄清楚自己都有哪些资源，熟悉每种资源的特征、优势，在需要的时候找到合适的。

销售必须以客户为中心，结合客户的阶段、角色、态度等因素使用资源，以合适的资源来完成相应的任务。资源没有最好，只有适用。再好的资源，放错了位置，也可能会带来麻烦。

资源只有用对了才会有效。

善用资源，将帅之本。

演练

1. 基于之前所选择的单一销售目标，考虑行动与资源使用策略。

项目名称：____

单一销售目标：____________________________________

行动一：对象__________角色__________态度__________

拟采取行动：______________________________________

适用资源：□行业专家 □公司高管及内部专家 □公司经理

□样板客户 □客户内部 □合作伙伴

□相关政策 □工具资源 □竞争对手

行动二：对象____________角色____________态度____________

拟采取行动：____

适用资源：□行业专家 □公司高管及内部专家 □公司经理

□样板客户 □客户内部 □合作伙伴

□相关政策 □工具资源 □竞争对手

行动三：对象____________角色____________态度____________

拟采取行动：____

适用资源：□行业专家 □公司高管及内部专家 □公司经理

□样板客户 □客户内部 □合作伙伴

□相关政策 □工具资源 □竞争对手

2. 请结合自身业务开展需要，列举个人的资源经营与发展计划。

行业专家经营与发展计划______________________________________

公司高管及内部专家经营与发展计划____________________________

公司经理经营与发展计划______________________________________

样板客户经营与发展计划______________________________________

客户内部经营与发展计划______________________________________

合作伙伴经营与发展计划______________________________________

相关政策经营与发展计划______________________________________

工具资源经营与发展计划______________________________________

竞争对手经营与发展计划______________________________________

26. 制胜策略

很多团队都在多年实战中积累了自己的赢单秘籍和制胜方法。

制胜策略是形势三维结合机会来源综合分析后要采取的行动方针、行动路线和策略。制胜策略不仅和阶段、竞争、紧迫度相关，还和客户角色、支持度、覆盖度等相关。

在此整理归纳六大进攻策略、五大突破策略、六大侧翼策略和三大迂回策略，共二十种制胜策略。

进攻策略是在总体形势有一定优势的情况下采用的策略，也就是一般用在单一、领先、平手的项目中。总体局面不错，在客户内部具备一定基础，领先竞争对手，不利因素不明显，自我感觉良好，在这样的情况下可以采取正面快速推进的进攻策略。

（1）速战速决。我方在项目中有很大优势，形势处境很好，内部支持者明确，一路走过来经历了很多事情，客户也希望我方能尽快胜出。这时候要做的就是尽快收割，和支持者沟通，向决策者汇报，从最合适的人员那里尽快推进，速战速决，以防后患。同时谨防掉以轻心，警惕其他意外情况发生。

（2）正面推进。我方有教练，有支持者，与决策者有接触——虽然决策者还不是十分地支持我方。总体看上去形势比较有利，客户态度以及我们对客户需求的理解有一定优势。这种情况下应基于我方现有优势加快推进，清除可能的障碍和风险；和教练及支持者商量，确定自己的根据地，找到要强化或发展的角色和力量，以及要影响的关键决策者，快速推进项目进程。

（3）构建壁垒。在销售中我方有一定优势，客户支持度以及我方与客户共识度较高，但没有绝对的领先优势。这种形势下要做的是巩固现有优势，推进销售进程的同时构建我方竞争壁垒，把我方的标准、规范和规则嵌入到客户的采购流程中，避免来自客户内部消极态度的影响和外部竞争对手的威胁。此时的策略是建立准入标准和规则壁垒，修建护城河，以防生变。

（4）引导标准。总体局面还可以，但客户对需求和方案没有达到高度认同，也没有明显的倾向性。这种情况下，要更关注客户的需求，针对客户需求和目标找到我方的独特优势，将我方优势和应用场景嵌入客户认知，给客户提出高价值意见和专业建议并争取让客户采纳，将我方标准嵌入到客户的需求和方案标准中。

（5）战略联盟。我方和客户已有接触和联系，高层关系较好，中下层关系和支持者还不明确。此时要想办法和客户高层达成战略层面的共识，形成面向未来的长期和持续的合作机会，和领导层、决策层构建战略性的总体合作框架，然后快速切入当下的项目。

（6）争取先机。我方稍有一些优势，但还不明显。客户对我方的方案有一些认同但认同度不高，支持者或高层意见也不明确，与竞争对手相比优势不大。接下来要尽快行动，率先爆发，引领先机。具体来说，要理解客户需求，提升客户对方案的认同度，发展支持者，尽快采取行动赢取先机。

以下详细讲述五大突破策略。突破策略经常用于下列情况：老客户出现了问题；和对手打成了平手；处于相对落后的形势，如果保持现状或按部就班正常推进肯定不会赢单，所以必须改变现状，突破局面。

（7）解决问题。形势没那么理想，也没那么差，不好不坏，不温不火。这种情况下销售进程好像遇到了什么问题，客户犹豫、顾虑，行动延缓。客户具体遇到哪些问题？我们遇到哪些问题？不解决这些问题可以顺利推进吗？用什么办法解决呢？想想看可以通过哪些支持者、哪些优势解决当前面临的问题。

（8）探索原因。问题不明确，像隔了一层纱的感觉，不知道发生了什么状况，是什么原因导致的。从表面看总体形势也还可以，但表象背后总有一些说不清、看不透的情况，让人心里没底。这种情况下唯有找到原因，才能解决问题，往前推进。跟着走会很被动。所以必须探寻现状背后的原因，到底是哪些人、什么事、哪里出了问题，搞明白之后再考虑如何解决这些问题。

（9）寻求突破。项目总体平平，我方没有明显优势，也没有明显劣势，客户没有倾向我方，也没有不倾向于我方，有一种跟着走的被动状态。这种情况下若不能找到突破点将很难赢单，所以必须找到一个突破点。突破点可能是一些关键角色，也可能是关键需求、关键事件，比如，我方的某个独特优势可能正好满足了客户的某种诉求。快速行动寻求突破，拖延下去无法赢单，因为局面不在我们掌控之中。

（10）深挖需求。我方没有引领项目，也没有被客户作为首选。机会就在那儿，但我方对客户需求的把握、对客户动机诉求的理解还很欠缺，这会导致缺乏坚定的支持者，缺乏客户的明确态度。想想看我方有没有教练，是不是满足了业务部门的关键需求，还有哪些关键角色没有覆盖，还有哪些人的动机可以去挖掘。要深挖关键人、关键需求，找到客户冰山一角下隐藏的真实目标和动机，唯有这样才能真正赢得客户支持。

（11）扩展需求。形势不乐观，继续往下走会有问题和风险，我方必须寻求改变。这种情况下可以考虑把客户需求放大，深挖或扩展客户既定需求，比如，两个部门提出了需求，可以放大到四个部门或者放大到整个业务领域来看。还可以跳出本部门，看需求与其他部门的衔接关系，把局部放到全局来看。扩展需求也可以是拓展更多人的需求。扩展需求有利于我方找到自己的优势和进攻机会，从而建立根据地。

以下介绍六大侧翼策略。我方在项目中目前没有优势，最多平手，平手中还有风险，更多是落后的情况，正面进攻或寻求突破都很难，要用改变的策略，用侧翼策略从侧面突破、改变现状。

（12）扩大顾虑。总体形势不是很有利。客户倾向于我们的竞争对手，但内心还有些不踏实。这时候我们需要站在客户角度好好想一想，找机会与客户推心置腹谈一谈，帮助客户理性面对现实情况，分析选择我方对手可能的顾虑，探讨潜在风险并放大风险，真心地与客户共同寻找解决方案，通过这个过程达到延缓的目的，从而为自己赢得战机。

（13）重构标准。客户心中已经有了选择标准或倾向，继续走下去我方赢率不大。这时候要考虑，客户中哪些人掌握着标准，还有哪些人会参与评估、产生影响。我方有哪些机会可以接触到这些人？思考如何利用我们的专业经验和优势，帮助客户发现那些被忽略或未被重视的需求，从而重构采购标准。

（14）突发场景。客户心中已经有了选择标准或倾向，但是内心还有隐忧和顾虑。想办法了解客户顾虑是什么，找到适当的人员，针对客户的顾虑，向他们呈现我方的独特优势以及不具备这个优势的潜在风险或损失，同时展现具备这个优势的理想场景。呈现未来可能的突发场景，会带给客户紧迫感和压力感。我方具备的优势能够避免这种突发场景带来的风险或损失，利用客户忽略的突发场景重构客户认知。

（15）拓展他人。在客户目前的决策圈和影响圈里，我方没有太多机会，也没什么优势。这种情况下要跳出当下局面，看看客户公司中还有没有其他可以挖掘的能帮到我们的人，这些人被忽略，未被竞争对手覆盖，是可以被争取来支持我方的人。还包括那些旁观和中立者，都是有机会成为我方支持者的潜在人员。竞争对手无法搞定所有人，对方最薄弱的环节就是我方最佳的进攻之处。拓展他人，不在竞争对手的支持者身上死磕，去找那些可能成为我们朋友的人。

（16）改变规则。我方没有优势，形势对我方不是很有利，但是客户态度还算积极，我们也有一些支持者或机会，此时需要采取一些策略来改变现状。看看是否可以通过一些方式来改变客户采购规则，制定对我方有利的规则。

（17）改变流程。形势不利，没有优势，按部就班走下去凶多吉少。此种情况下要做的是改变客户决策流程，比如，向客户建议增加功能、扩大应用范围以重新评估方案。改变客户决策流程的方式还有：增加产品验证环节，增加样板客户考察环节，增加厂商能力评估（如测试或演示的环节），引入其他部门或领导介入，请第三方参与决策。在我方没有优势的情况下，想办法改变既定决策流程也是一个有效的推进策略。

以下分析三大迂回策略。迂回不是放弃。迂回策略往往用于项目形势不利于我方但直接放弃又有些可惜的情况。比如，没有教练，决策者支持力度很弱，支持者少，客户态度也不积极，销售机会不是特别好，直接放弃又有些可惜，这时候我们使用迂回策略。

（18）分而化之。大单化小，化整为零。项目形势对我方不利，客户比较紧迫，我方又没有独特优势。在这种情况下可以选择一个我们最有优势的地方，在一个很小的范围内通过一个小额采购促成双方合作。采用“先咬一口”的方法先突破进去，实现小合作，再谋全局。比如，可以主动改变销售目标、改变产品数量、改变应用范围、减少采购金额，以此来赢得优势。

（19）缓兵之计。形势不利，缺乏支持者，没有建立优势和标准，也没接触到高层，继续下去明显没戏。这时候可以采用缓兵之计，想想有什么办法可以踩刹车，把进程放缓下来，为自己争取时间。可以提交一些说明材料或者释放给客户更多信息，让客户把进程放缓，慢下来，争取到更多时间和接触机会以改变现状。

（20）尽早离开。形势很不利，但销售舍不得离开，因为已经付出了很多，退出则会损失很多沉没成本。另外销售手上缺机会，舍不得放弃。仔细想一想：这一单有机会赢吗？值得继续投入吗？有时候尽早放弃是一种智慧，好的销售懂得放弃。放弃这一单不等于放弃这家客户，让客户选择更适合他们的供应商，让客户按自己的计划推进。我们保持跟这家客户的联系，寻求未来的合作机会。尽早离开，省下了时间和精力，可以把这些时间和精力放在更有价值的项目上。

六个进攻策略、五个突破策略、六个侧翼策略和三个迂回策略，是实际销售工作中经常用到的。相信每位经验丰富的销售，都能列举出很多应用这些策略的实战案例。

实际销售中面临的情况复杂多变，应采用何种策略，没有一定之规。大客户销售影响因素众多，策略的选用也不一而足。赢单罗盘中构建了复杂的智能运算模式，综合考虑数百种因素，推演出数百种组合，根据不同因素的不同数值，自动匹配并推荐合适的策略。

在赢单罗盘中，当完成项目录入后，系统将经过自动运算和比对，结合项目优势和劣势，基于各个要素数据，通过智能分析自动推荐这个项目在该形势下的最佳策略。

赢单罗盘应用人工智能技术，积累了关于策略制定和实施效果的海量数据，因此能针对实际项目给出能产生最佳效果的策略。赢单罗盘突破感性经验，通过海量实际数据的积累和迭代，智能生成最佳选择。

智能时代，数据颠覆权威。

制胜策略，赢在回归初心。

演练

1. 根据之前所选择的单一销售目标，分析制胜总策略。

项目名称：______________________________

单一销售目标：______________________________

拟采取的总策略：□进攻策略　　□突破策略

□侧翼策略　　□迂回策略

2. 请根据上述情况，分析拟采取二十种策略中的哪种。

拟采取的制胜策略：______________ 理由：______________

还可考虑的制胜策略：______________ 理由：______________

小 结

策略布局包括形势定位、布局原则、战术要点、行动部署、资源调配及制胜策略，是销售项目布局的总方针、总原则、关键要点和具体方法。这些原则、方法的逻辑化组合应用，为项目策略制定指明方向，帮助我们制定“相对精准”的策略和行动计划。

依托形势，遵循思想，基于原则，把控要点，精准动作。

形势定位是对全局形势的判断，机会来源、竞争形势两个维度将项目的形势定位分为十六种，再结合形势三维分析（竞争形势、所处阶段、客户紧迫度)，基于每种要素的多个状态，找到项目的准确形势定位进而找到合理的总策略。

布局原则为我们指出了策略制定的基本原则，从由毛泽东军事思想中萃取的群众思维、根据地思维、团结思维、矛盾思维，到布局遵从的教练原则、根据地原则、应用为王原则、固强制弱原则，再到布局的具体行动顺序，为销售项目指明了推进方法。

战术要点具体到应对客户中不同角色、不同态度的方式。不同决策影响角色对项目决策的影响方式不同，关注点也不同，沟通方式也不相同。不同反馈模式对项目本身的期望和积极性不同，也需要分别应对。当角色、态度与其他因素交叉，就可以更加精准地制定有针对性的应对策略。

行动部署需要我们对拟采取的行动做到清晰明确。很多团队没有统一的销售活动分类，不同活动在团队内部的定义也不尽相同，这导致在描述一个行动部署时，大家的理解有偏差，执行效果也无法达到预期。针对不同形势、阶段、角色、态度等因素，综合考虑、多维权衡，才能确定什么是最佳行动方案。

资源调配是很多销售面临的困扰之一，要么没资源，要么不清楚有什么资源，要么用不对资源，没有“用对大将”会让总体布局功亏一篑。梳理自己的资源池，熟悉资源的分布情况，了解每种资源的特征、优势及调动的难易度，针对具体形势和具体问题把合适的资源用到位，这很考验销售人的智慧。

制胜策略是基于多年实践总结出来的常用策略。针对不同竞争形势、不同角色接触和覆盖情况、不同客户态度和支持情况，采取相应的最佳推进策略。有了相应的策略，才不会碰到销售机会就埋头往前冲，遇到困局就无可奈何。制胜策略对提高销售效率、提升赢率至关重要。

从宏观到局部、从总体到个体、从原则到战术、从策略到行动，解决问题需要全局视角和立体思维框架。这是识别和分析的过程，是逻辑推演的过程，甚至是模型计算过程。无论是否意识到，无论是否认同，事实上销售每天都在进行着这样的思考和实践。

销售是扑朔迷离的复杂任务，是比拼思维和智慧的任务。针对这种复杂、需要智慧的情况，总结规律、理解规律、掌握规律、应用规律就显得至关重要。

任何事物都有规律，这些规律就是大道。

因天之序，道法自然。

第 6 章

即刻启动

27. 策略工作坊

至此，我们完成了一个完整的策略分析过程。

在日常销售过程中，销售团队很难有机会完整分析一个项目，更多是局部点状分析，针对当下最紧迫的形势、最关键的人员、最着急的事情，迅速分析并很快做出一个决策。这种头痛医头、脚痛医脚的做法，在当时看来可以解决眼下的问题，但大客户销售和大客户经营是长期复杂的事情，当下解决了未必是真正解决了，局部搞定未必有助于全局的胜利。

遇到问题时，我们需要停下来，从头审视，全面思考，系统梳理，真正制定有效的策略与行动计划。为此，我们针对重要客户或重点项目，以团队研讨的方式召开策略工作坊，确保输出有效的全局策略和当下切实可行的行动计划。

策略工作坊是项目团队针对具体项目进行的群策群力小组讨论。团队通过讨论，借助流程化、工具化、结构化、步骤化的方法，系统分析项目目标和形势处境，制定相应的策略。统一的分析标准和流程，使得团队可以规模化开展和运用这套方法，提升销售效率和赢率。

策略工作坊的参与人员包括销售人员（客户经理）、售前顾问、销售经理、行业专家、必要的管理者，以及组织内有同行业项目经验的人员，建议由 4～6 人组成。每个人会站在自己的角度，根据自己已知的信息，利用从前的经历和经验，对项目内容进行结构化、流程化分析，大家群策群力，建言献策，靠集体的智慧制定出合理有效的推进策略和行动计划。

策略工作坊不是一次性任务，而是在销售项目推进过程中多次召开的会议。当项目发生重大变化时、取得重要的阶段性成果时、战略或业务管理需要时，根据需要可以召开策略工作坊。

策略工作坊分成五个大的步骤，共十二个任务。

步骤一：分析目标形势

任务一是明确单一销售目标。检查单一销售目标的各个要素是否已经齐备，每项内容是否完整、清晰、简洁，是否已经和客户达成共识。这个过程当中，有任何不清晰、不确定的信息都要标注出来，同时还要回顾客户的战略背景、业务背景、需求背景，确保对客户这些信息的理解能够支撑我方的单一销售目标。

任务二是形势判断。分析项目处境和形势，用到的是项目所处阶段、竞争形势、客户紧迫度及自我感觉几个要素。分析竞争形势，甄别项目所处阶段，判断客户的紧迫度，结合自我感觉，判断项目总体形势。

在分析目标和形势之后，要完成一张作业表，叫目标形势分析表（见表 6－1)。将项目的目标、形势列举出来，检查并提问：客户名称及所在行业是什么？项目的单一销售目标是什么？项目现在到了什么阶段？客户紧迫度怎么样？竞争形势怎么样？主要竞争对手是谁？自我感觉如何？通过表 6－1 的梳理销售将对项目全貌有总体的认识。

表 6-1 目标形势分析

<table>
<tr><td colspan="4">单一销售目标</td></tr>
<tr><td>客户名称</td><td></td><td>所在行业</td><td></td></tr>
<tr><td>使用部门</td><td></td><td>产品或服务</td><td></td></tr>
<tr><td>数量</td><td></td><td>预计合同金额</td><td></td></tr>
<tr><td>预计成交时间</td><td></td><td>预计实现业绩</td><td></td></tr>
<tr><td colspan="4">项目形势判断</td></tr>
<tr><td>项目阶段</td><td></td><td>客户紧迫程度</td><td></td></tr>
<tr><td>竞争形势</td><td></td><td>主要竞争对手</td><td></td></tr>
<tr><td>项目温度</td><td colspan="3"></td></tr>
</table>

步骤二：分析关键角色

任务三是认识关键角色。列举出所有可能影响决策的关键角色、潜在影响者，包括我们没有接触的人员，甚至包括不知道会不会影响决策的人员。尽可能列出所知道的客户各部门和各岗位人员的信息，列得越完整，分析越有效，后面的策略制定就会有越多的依据，有更多的角度。

列举完这些人员之后，依据前面所讲的四角九力方法认识并标注这些人的角色和影响力。关键角色中要包括可能参与项目的合作伙伴或第三方机构。

任务四是反馈支持。分析关键角色的反馈模式和支持度，即他们当前对自身处境和期望的态度，是如虎添翼、亡羊补牢、我行我素，还是班门弄斧。同时标注关键角色对我方的支持度，即支持由我方来做这项目的程度。对于没有接触或者判断不清的人员，不要臆断其态度，可以打问号做标识，这些未知之处恰恰是非常宝贵的信息，是后续行动中要落实的工作。

任务五是参与影响。分析每个角色的影响力和参与度。分析每个角色的影响力大小，对项目最终决策的影响力和影响权重多大。同时关注在当前阶段、当前形势下，每个角色的参与度如何，用“高、中、低”标注。

任务六是业务结果和个人赢。剖析每个角色的需求和价值。针对每个角色分析其业务需求是什么，绩效目标是什么，希望通过项目实现什么业务结果或者达成什么组织目标。还要关注和分析每个角色的个人动机和个人赢，即分析每个人希望通过这个项目实现自己的什么期望，也就是分析每个人内心的诉求或动机。结合项目总体形势和个人处境，分析每个人可能的业务结果和个人赢。分析业务结果和个人赢时，还要考虑目前到了什么程度：哪些是客户明确了的，哪些是已经跟客户达成共识的，哪些是根据一般情况猜测出来的，哪些是尚不知道需要去确认的。对每个人的业务结果和个人赢标识“共识、明确、常理、不清”四种程度。这些确定或不确定的信息，在行动中要逐一扫描和确认。

做完关键角色的分析后，就要填写第二张表了——关键角色分析表（见表6-2），表6-2中包括关键人员的细分角色、反馈模式、支持度、参与度、影响力、业务结果和个人赢。将关键角色分析表与目标形势分析表相结合，就可以比较全面地看出目标、形势、所接触人员的态度之间的逻辑关系。

比如，在某个项目中，客户目标已经明确，形势我方处于领先，但是关键角色中没有一个支持者，或者说大部分关键角色的态度都还不清楚，仅有一两个联系人态度稍显积极，可见对“领先”的判断不准确。用表6-2的内容去验证表6-1的形势判断，它们之间是有内在关联的。

再比如，销售目标已非常清楚，但是表6-2中每个关键角色的业务需求都是不确定的，也就是说都没有明确、未达成共识。这里的问题显而易见，既然每个人的业务需求都不明确，销售目标又如何能明确呢？所以用

表 6-1 和表 6-2 做关联验证，可以找到其中的对应关系和逻辑关系。

表 6-2　关键角色分析

序号	姓名	部门和职务	角色（EUTC）	细分角色	反馈模式	支持度	影响力	参与度	业务结果	个人赢

步骤三：初拟应对策略

任务七是初拟策略。思考以下问题：在接下来的行动中，我们要做哪些事来推进项目进程？做哪些事来改变处境？客户中各角色现在是什么态度和支持度，希望通过行动达到什么样的态度和支持度？接下来先找谁，后找谁，分别做什么工作，达到什么目标和效果？这是初步策略。这个过程是开放的，根据大家的经验和感觉分析判断，先拟出来一个凭经验和感觉应该做的事项清单，充分利用我们的经验和第六感。

任务八是资源配置。针对拟定的行动清单配置相应资源。根据任务七确定的客户角色、反馈模式、行动类型、行动目标，在组织内部寻找合适的资源，以达成行动目标。资源的配置一方面要考虑对象、目标和任务，另一方面要考虑资源的可用性和有效性。

分析进行到这里就可以完成表 6-3 了，也就完成了项目的基本分析。从传统意义来看，能做到这样的分析已经非常难得，比很多团队都做得好了。

表 6-3 制定应对策略

<table>
<tr><th rowspan="2">序号</th><th rowspan="2">角色</th><th colspan="2">现状</th><th colspan="2">目标</th><th rowspan="2">行动类型</th><th rowspan="2">行动目标</th><th rowspan="2">动用资源</th></tr>
<tr><th>反馈</th><th>支持</th><th>反馈</th><th>支持</th></tr>
<tr><td></td><td></td><td></td><td></td><td></td><td></td><td></td><td></td><td></td></tr>
<tr><td></td><td></td><td></td><td></td><td></td><td></td><td></td><td></td><td></td></tr>
<tr><td></td><td></td><td></td><td></td><td></td><td></td><td></td><td></td><td></td></tr>
<tr><td></td><td></td><td></td><td></td><td></td><td></td><td></td><td></td><td></td></tr>
<tr><td></td><td></td><td></td><td></td><td></td><td></td><td></td><td></td><td></td></tr>
<tr><td></td><td></td><td></td><td></td><td></td><td></td><td></td><td></td><td></td></tr>
<tr><td></td><td></td><td></td><td></td><td></td><td></td><td></td><td></td><td></td></tr>
</table>

在赢单罗盘中，上述的分析还不够。销售分析进行到这个程度，事实上，视角还不完整，逻辑还缺乏关联，有些原则被忽略了。接下来我们把目标、形势和角色分析录入到赢单罗盘中，进行自动分析、检测和检查。先用人脑思考，再通过大数据和智能工具扫描和分析。

步骤四：形势分析检查

任务九是形势检查。将项目的目标、形势、角色信息录入赢单罗盘软件中，系统会输出很多智能提示，在实战中我们也会提供具体的问题检查清单，据此查看项目情况。通过问题检查清单，可以检查哪些信息已经确认了，哪些信息还不确定，哪些信息还是未知的，相当于利用问题检查清单给项目做了一个全面体检。

任务十是输出优势、劣势、未知清单（见表 6-4）。这一步其实是对项目体检报告的整理和解读。将形势检查中所有优势、劣势、未知分别列出来，就会形成一张优势、劣势、未知清单。优势、劣势、未知清单是整个项目最关键的信息，它告诉我们当前的机会和风险所在。接下来的任务就是巩固优势、减少未知、削弱劣势，做到有的放矢。

表 6-4 优势、劣势、未知清单

优势	劣势	未知

要想赢单，就要“把优势搞得多多的，把劣势和未知搞得少少的”！把劣势向未知移动，把未知向优势移动，这是布局的又一基本策略。

步骤五：制定策略计划

任务十一是优化策略。在任务七中我们初拟了策略，获得优势、劣势、未知清单后，就可以进一步优化之前拟定的策略。优化策略过程中，通常要用固强制弱原则。首先，选择“三个最需要强化的优势”，想想哪个行动是在强化优势，如何在行动中强化这三条优势，在面向谁的行动中强化。其次，选择“三个当下最需要搞清楚的未知”，想想哪个行动是在探求未知和不确定性，如何探索或确认这三条未知信息，在面向谁的行动中探索或确认。最后，选择“三个当下可以削弱的劣势”，想想可以用哪条优势削弱劣势，哪个行动可以削弱劣势，在面向谁的行动中做。这些问题考虑清楚后，把这几点关联起来，融合设计行动计划，确保行动是在强化优势、减少未知、削弱劣势。

优化策略时要考虑布局原则，如教练原则、根据地原则、应用为王原则、固强制弱原则。优化策略还要考虑战术要点，即针对不同角色、不同态度的人分别如何做。基于布局原则和战术要点重新检查并优化之前初拟的策略，形成优化的策略和行动计划。

任务十二是制定双周行动计划。基于行动策略和计划，分解制定销售团队未来两周的具体行动计划，包括团队内部分工、负责人、任务、时间要求。在每项具体的任务中，销售、顾问、专家、领导分别负责什么应清晰，并且每个人有明确的任务目标，排列出一个团队作战的任务。双周行动计划不仅包括面向客户的行动，还包括公司在某些环节或针对某些情况的内部沟通，内部沟通包括跨部门沟通或资源协调、内部方案撰写、内部向领导汇报、争取资源等所有与该项目相关的内部工作。

团队需要对形势形成一致意见，对行动计划制订的过程认知一致，对所计划的任务分工、目标、期望达成的结果也保持一致意见。团队依据所形成的共识去行动。这一次的双周行动计划，又会成为下一次策略分析的参考和依据。

通过策略工作坊，我们对项目进行了从头到尾的系统完整分析，包括目标形势分析、关键角色分析、初拟应对策略、形势分析检查（生成优势、劣势、未知清单），在此基础上，形成优化的策略计划（包括团队的双周行动计划）。这个过程能够让团队对项目有更完整、更客观、更全面的认知，对应对策略、目标效果有一致的理解。

针对重要项目，组织按时召开策略工作坊，对提升项目赢率、提升团队工作效率有很大帮助。一个策略工作坊的完整流程如图6－1 所示。

根据项目复杂度、参与人员对项目的熟悉程度，完成策略工作坊的整个过程需要 1/2～1 天的时间。这意味着，对于公司的重要项目，应该每两周用1/2～1 天的时间进行全面深度分析。

很多公司都有这样的制度，针对重要项目定期召开策略工作坊，请必要的人员参与项目的讨论，大家基于各自的经验献计献策、群策群力，达

步骤一 分析目标形势	步骤二 分析关键角色	步骤三 初拟应对策略	步骤四 形势分析检查	步骤五 制定策略计划
任务一： 明确单一销售目标	任务三： 认识关键角色	任务七： 初拟策略	任务九： 形势检查	任务十一： 优化策略
任务二： 形势判断	任务四： 反馈支持	任务八： 资源配置	任务十： 输出优势、劣势、未知清单	任务十二： 制定双周行动计划
	任务五： 参与影响			
	任务六： 业务结果和个人赢	分析录入 罗盘系统		计划录入 罗盘系统
目标形势 分析表	关键角色 分析表	制定应对 策略	优势、劣势、 未知清单	制定行动 计划

图 6-1　策略工作坊的流程

成目标和行动的共识，从而更有效地推进项目进展。

策略工作坊也是非常好的带教过程。在确保项目信息安全的情况下，安排新人参与实战项目的常规分析过程，在这样的环境中新人就像亲临战场观摩了一场战役，在点滴中感受、理解、学习，领悟不同的销售场景和应对策略，研究不同业务线的打法，分析不同角色的应对方式，会有大开眼界的感觉。这样的带教方式能帮助新人快速成长。

经实践检验，策略工作坊能有效帮助团队改变工作方式和管理方式，既提升了项目的赢率，也促进了销售的成长。

28. 双周分析会

策略工作坊的流程很完整，也很有效。但在实践中很多组织很难保证有充足的时间定期进行这样的工作坊。那么如何把这套方法真正应用到日常工作中呢？

很多大型集团会针对一些重要项目开展月度、季度评审会。也有些集团只有随机的项目碰头会，领导想起来的时候就问一下，想不起来也就放下了。这时候，单靠销售个人跟进，项目难免产生意外或被忽略的情况。所以建议组织建立针对重要客户和项目的双周分析会机制。针对策略工作坊形成的推进策略和计划，定期检查进展状态，及时总结推进成效，以应对重要项目复杂多变的情况。

双周分析会参与人员主要是项目团队成员，包括客户经理、售前顾问、交付经理、运营经理，以及业务主管，这些客户销售和服务人员在一起高效地进行项目动态分析。

双周分析会分为会前准备、会中管理、会后检查三个步骤。其中，会中管理又分为明确目标、回顾进展、分析障碍、研讨方案、付诸行动五步（见图 6－2）。

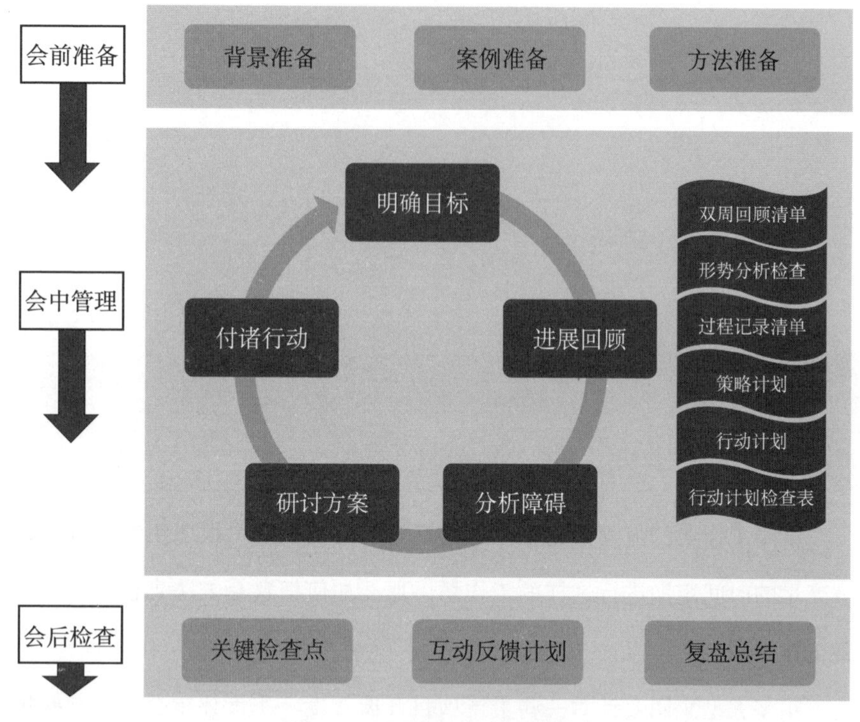

图 6－2　双周分析会的流程

会前，销售人员（客户经理）需要针对正在跟进的客户和项目进行基本资料的收集和准备工作。要准备的资料包括策略工作坊中填写的四张表，以及赢单罗盘中项目的最新状态。检查关键信息和行动要点，以及上次行动计划的完成情况。负责引导会议的教练或组织者，要准备同行业客户的销售案例以及相关策略分析方法。

双周分析会按照明确目标、回顾进展、分析障碍、研讨方案、付诸行动五步开展。

第一步，明确目标。明确这次双周分析会要达成的目标。在项目负责人或主持人的引导下明确会议的目的，包括会议时长、期望达成的共识、输出的结果。在明确目标后，会议进入具体讨论中。

第二步，回顾进展。主要回顾过去两周客户的新动态。针对典型事件、典型人员、典型变化进行回顾和信息整理。项目进展回顾可以使用“双周回顾清单”，对照清单中的条目进行检查，这个清单可以帮我们更加客观全面地分析现实变化以及变化背后的原因。

第三步，分析障碍。回顾进展之后，针对项目所到达的新的状态切面（当下情况和形势）进行全面检查和扫描，逐项检查各关键要素。分析当前面临的风险、障碍及不确定之处。通过形势分析检查和过程记录清单，形成一张“优势、劣势、未知清单”，从中可以清楚看到项目的优势、劣势、不确定性在什么地方。

第四步，研讨方案。通过分析项目的优势、劣势、未知，项目团队中每个人站在不同角度提出建议，共同讨论，研讨出解决当前问题的最佳方案。研讨方案的过程是大家针对问题利用既有优势解决项目进展中出现的障碍和问题的过程。在通过研讨得到的应对策略基础上，初拟行动计划。然后用“行动计划检查表”逐项检查所拟定的行动计划是否遵循了布局原则和战术要点，若有违背布局原则和战术要点之处，修改完善行动计划，从而得到优化的方案。

第五步，付诸行动。按照行动计划，团队成员进行分工。每个任务具体到详细的行动及目标，落实到人，明确时间要求，形成项目后续推进计划，这是团队达成共识的。这个达成共识的推进计划会成为后续行动和检查的依据。

明确目标、回顾进展、分析障碍、研讨方案、付诸行动，双周分析会的五个步骤能帮组织针对一个项目对销售人员进行实践指导。

双周分析会的最后，还要建立互动和反馈机制，设置好关键的检查点，约定在哪些情况下要进行团队通气。比如，约定在什么时间点、什么行动前、什么行动后，团队成员要进行互相确认或通气。

此外，在双周分析会最后团队还要对这次会议进行总结回顾，看是否达成了会议的目标。具体包括是否找到了项目存在的关键问题，是否制定了解决的方案，是否明确了下一步的行动计划。总结回顾保证了确保会议的有效性。

双周分析会之后，销售团队要按照会议确定的双周计划表开展行动。

行动前，检查会议制定的双周计划表，对拜访、交流、调研等活动，做好准备并在过程中认真执行。行动中，要记录跟客户交流的情况，必要时使用工具或在小组群内记录、反馈。行动后，要对拜访和行动进行复盘分析，总结当次行动，完成总结与评估。

在该次的行动都完成后，便进入下一个双周分析流程，又会输出下一个双周行动计划，循环往复，持续进行。团队可以针对每次双周计划的实际执行情况进行总结分析，对重要的推进、管理活动进行有效跟踪。

双周分析会制定出双周计划，按计划执行，包括行动前准备、行动中执行、行动后复盘，再到下一次双周分析会，是一个完整有效的项目推进方式。团队如果能认真落实应用这种模式，势必将极大地提升销售项目管理的水平和赢单率。

29. 成为销售教练

当一名销售人员在销售岗位上做得游刃有余，可能会被提拔，成为一名销售管理人员，开始带团队。

很多销售都会面对这样的现实：公司希望他们把方法、技能及经验传授给更多销售新人，让新人能够像他们一样开单、成交、出好业绩。这时候销售就会成为一名销售管理者。

什么样的管理者算是一名好的管理者呢？是事必躬亲、亲力亲为，带着兄弟们向前冲的带头大哥，还是能够指导他人、成就他人，帮助手下兄弟获得成功的顾问型领导？

前者，手下的兄弟们打好下手，最关键、最重要的行动由大哥完成，大哥成为一名超级销售。后者，领导放手，让兄弟们逐步独立去做、慢慢成长，领导帮助手下的兄弟成为叱咤风云的英雄，领导是幕后的恩师。

你希望成为哪个？

优秀的销售人员走上管理岗位后，成为带团队的销售经理，其角色发生了变化，从自己努力到激发更多团队成员的潜力，大家共同创造更辉煌的业绩。一名好的销售管理者应该是能帮助他人成长的教练型管理者。

销售经理应该成为成就他人的教练，即成为一名销售教练。

销售教练的工作有哪些？成为销售教练的条件是什么？如何做才是教练式管理者？在实战中如何通过影响力带领团队去完成目标和任务呢？销售教练应该是什么样的？

销售教练的角色定位

中国历史上很早就有关于教练的描述。《管子》心术篇中有一句话："毋代马走，使尽其力；毋代鸟飞，使弊其羽翼。"作为一名教练型管理者，你不要代替马去奔跑，也不要代替鸟儿飞翔，你要做的事情是让马用力奔跑，驰骋于大地，让鸟儿振动翅膀努力飞翔，翱翔于天空。

国际教练联合会（International Coach Federation）对教练的定义是：教练和自愿被教练者通过一个持续的流程，"挖掘、目标设定、明确行动步骤"，实现卓越的成果。

理察森（Richardson）在《完美销售教练》一书中也谈到："销售教练让销售人员参与解决问题，举例为其提供清晰的反馈信息，在具体可度量的行动计划上达成共识并跟进。"

也就是说，教练是通过激发他人、辅导他人、成就他人来成就自己。

销售教练的核心任务

关于销售教练需要具备的素养，本书总结了3S模型。第一个S是原理（Science），也就是要精通大客户销售方法论、大客户销售的策略及客户沟通原理。第二个S是工具（System），也就是能运用销售工具（包括赢单罗盘这样的分析工具）帮助销售人员对项目进行有效分析。第三个S是技巧

（Skill），是指要掌握教练式辅导的方式、方法、技巧，通过共同讨论的方式引导被教练者，最终达成共识。销售教练的重要目标是要见到结果和绩效。销售教练要能发现并解决组织和个人存在的问题，提升组织能力和销售绩效。

销售教练的核心目标是帮助销售组织和个人解决问题、提升绩效。教练必须为组织的管理水平及个人的赢单能力做出切实有效、坚持不懈和可以衡量的贡献。

销售教练的核心任务是帮助组织和个人应用相关的方法和工具，制定提升赢率的销售策略和促进互信的拜访计划，实现个人行为转化，提升组织销售绩效，实现销售个人成长与组织目标实现的双赢。

销售教练的基本策略

销售教练的基本策略包括五条。

第一，以目标对象为中心。以所带领或服务的销售组织或个人为中心，认真学习了解目标组织的业务背景、团队状况，针对他们的组织能力、组织背景及个人经验调整辅导策略。

第二，聚焦特定项目和任务。销售教练要针对特定任务、特定销售机会和重点项目分析，帮助销售组织和个人产生特定结果。教练和被教练者提前确定需要辅导的项目，双方都做好准备，教练明确辅导内容和要达成的目标及结果，聚焦特定项目和任务开展辅导。

第三，面向普遍问题寻找突破点。销售教练辅导要定位当前业务中普遍存在、一旦解决便可复制并能创造价值的“现象级”难题，定位于销售过程中每个项目甚至每个人都经常遇到的典型问题。在解决问题过程中，销售教练应发现和捕捉阻碍组织绩效提升和赢单的关键问题，并且这些问题是几乎每个人都会面临的，找到突破点，解决问题，这样做会极大地提高效率。

第四，以特定的流程方法共创辅导。教练通过科学的辅导步骤、按照规定的工具表单，与被辅导者联合共创解决方案，而不是直接给出明确的指令，告诉被辅导的销售人员该怎么做。一起共创，一起研讨，一起达成双方愿意做出承诺的行动计划。

第五，对结果和后续计划达成共识。教练和被教练者双方对辅导后形成的行动计划应达成共识，这个行动计划是双方共同的目标。

以上五条是销售教练做实战辅导的基本策略。通过这些策略，销售教练就可以通过明确目标、回顾进展、分析障碍、研讨方案和付诸行动五步实战流程，带教团队完成双周分析会。

销售教练的关键技能

第一，保持中立。销售教练都是有丰富实战经验的人，做过很多大项目，他们在看到一个项目时便能大概知道如何应对。但是有些教练在辅导下属时，却缺少耐心，没有仔细了解对方的想法，没有通过询问背景信息一步步引导被教练者，而是直接把答案告诉对方。

销售教练在辅导过程中保持中立很重要。销售教练有过程引导专家的身份，研讨中应专注于过程、步骤和方法的引导，要对观点、内容保持中立的态度，不进行批判或赞赏。但可以通过问问题加以引导，引导对方的思考，也可以给出建议。销售教练可以给予建设性反馈，可以质疑对方的思考假设，可以分享自己的观点和实践经验，但永远不能把自己的观点强加给对方，更不能代替对方做出决定。

教练很难和管理者的身份分割，有的时候销售教练一不小心就成了管理者，甚至成了命令型管理者。这对销售教练是个很大的挑战。

第二，引导行为。首先要营造一个轻松、开放、相互信任的研讨环境，让大家感觉没有压力，轻松地开展讨论。保证每个被辅导者都能够平等自愿地参与进来，这就要求教练开场时不要定调子，比如不能说“现在任务完成得不好，我们来分析一下”“项目有问题，我们来分析一下”。开场、过程都要轻松，让每个人都能打开自己。

销售教练在引导中应使用简明的语言，关注参与者的需求和感受，认真倾听，全面理解发言人的想法，必要的时候要做一些记录。在引导中要能够随时检查研讨进程，必要的时候进行干预，同时可以展现适当的果断性、开放性或弹性。最后要帮助大家认清研讨目标，归纳总结不同人的观点，让每个参与者有所收获。

第三，提问技巧。销售教练的提问要清晰、明确，诸如“造成客户不支持的原因有哪些”“让客户进入亡羊补牢模式的原因是什么”“你认为客户支持你的原因是什么”都是很好的问题。提问要单刀直入、清晰简洁，不要有太多铺垫和延伸。

当被辅导者陷入固定思维、思维陷阱的时候，销售教练可以转换问题类型，比如，销售人员说“客户没钱，所以项目不做了”，这时候转换问题类型：“缺少预算是项目延期的主要原因吗？”再比如，销售说“对方必须让领导去，领导不去这项目没法做了”，转换问题类型就像打方向盘：“目前在方案阶段，在客户需求不明确的情况下，你认为是出动顾问和专家合适，还是出动公司的高层合适呢？”再比如，销售人员制定的应对策略中想使用公关，可以这样提问：“对方是应用部门的使用人员，目前需求还不明确，双方还没有就方案和应用效果达成共识，在这样的情况下，如果想让对方变成支持者，变成支持度为 3，是选择公关还是跟对方深谈需求呢？哪个更合适？”转换问题类型就是通过帮被辅导者转换思维找到问题的另一种思考角度，给被辅导者带来启发。

研讨过程中跑题也是常见的现象。销售人员思维活跃，加上大家关系亲近，彼此很放松，讨论就很容易跑题。这时候怎么办呢？教练不能喝止，不能批评。教练的正确做法是中性评价，“小李这个想法很有创意”“你的思考很独特”“你很有个性”。教练进一步引导说：“那好，大家再想想还有其他什么可能？”对跑题和打岔现象，教练应通过中性评价把思维拉回到研讨的主题上，避免大家的思路都被打岔跑题的人带跑，越来越远。

第四，倾听技巧。销售教练的倾听，是理解对方的想法，而不是判断。倾听时应排除头脑中的一切假设，不要进行对错评判，而是全面理解并接受对方的想法，不能过滤信息。倾听时注意跟对方进行目光交流，注视对方，表示出兴趣和关注，用目光激励对方思考、表达，对方感觉被关注后，表达的意愿会被激发，思维也会被激活。

教练在倾听过程中要表现出对对方被辅导者观点的兴趣，可以通过一些肢体语言来表达，比如向对方走近、身体前倾、点头示意、会心地微笑，或者用手势示意他人保持安静。当教练通过肢体语言表现出对被辅导者的兴趣，让他们感觉被关注，他们就会有更充分的思考和表达。

销售教练适时通过提问的方式，引导谈话者澄清问题、反思假设、认清事实、发现机会。要留下讨论的时间，听完对方的表达后不立刻转换话题，要给予反馈，并且引导其他参与者提出新的想法、意见和建议，留给大家充分的思考、消化、讨论、转化的时间。

第五，团队共创。在讨论开放性问题时，局面很容易被大嗓门、积极、爱说话的或者有负面情绪的人员主导。团队共创法的核心是让每个人参与进来，每个人都有发言机会。

团队共创的具体做法是：先明确讨论的问题，再介绍讨论的规则。让大家独立思考，写出自己的想法和具体建议，教练巡视以确保每个人都在进行独立思考。在发言环节参与者依次发表自己的想法，每人每次只说一条，循环进行，直到穷举每个人的所有观点。这时候就到了讨论环节，经讨论团队形成很多观点，教练引导大家对这些观点进行分析，针对重点内容深入研讨，确定得到大家共识的最优方案。最后销售教练回顾研讨过程，阐述最后得到的结果，请全体参与者确认并向大家表示感谢。通过介绍规则、独立思考、顺序分享、开放讨论、形成决议、确认结果的过程，团队每个人都参与了进来，保证了有序的研讨方式以及有效的讨论结果。

以上详细分析了销售教练的角色定位、核心任务、基本策略、关键技能，能够帮助销售管理者做好销售教练，更好地带教下属，让下属去思考、实践、成长。

让每个人成为英雄，管理者才是真正的领导者。

成己达人，才是真正的教练。

30. 关键绩效指标

提升个人业绩，提升团队绩效，有密码吗？

我们来看一下一个销售机会从线索到收入的过程（见图 6-3）。

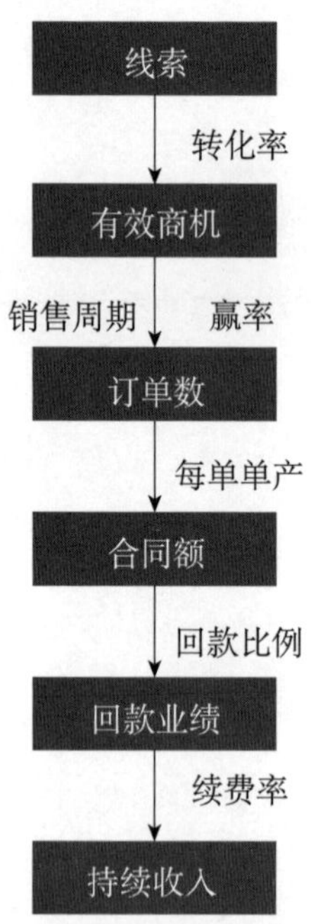

图 6-3　从销售线索到收入的过程

要实现销售业绩和收入，先要获得销售线索，激活之后变成有效商机，这个过程涉及销售线索的转化率。有效商机到签单过程，需要周期性跟踪，涉及销售周期和赢率，从有效商机转移到订单。每个订单单产不一样，价格和利润率也不一样，根据订单数量和每单单产得到合同额，形成合同收入。合同中会约定回款比例，根据回款比例和合同额计算出回款。很多组织按回款计算业绩，将回款作为团队销售业绩的考核标准。回款并实施交付后，客户会续约续费，形成续费收入和持续收入。在很多考核里，持续收入会被作为考量客户贡献的指标。这个过程包含了销售业绩的关键绩效指标。

要想有好的销售业绩，需要具备几个关键要素。比如线索充足率，你目前的线索量能不能支撑完成业绩？用线索数量、最后成交的转化率（如1%或5%）进行倒推，用销售业绩除以转化率，再除以平均每单单产，就是完成业绩所需的销售线索数量。举个例子，你的业绩目标是100万元，平均每单单产10万元，那么完成业绩要成交10个订单。那需要多少线索呢？其中线索到成交的比例是1%或5%，10个订单除以1%的转化率是1000个销售线索，10个订单除以5%的转化率则需要200个销售线索。你现有的线索与目标线索的比值就是线索充足率。

线索到有效商机的转化率取决于线索的质量和跟进的方法。到了有效商机，如何把有效商机变成订单，核心就在于缩短销售周期、提高赢率，也就是赢单罗盘重点解决的问题。

订单的数量和每单单产，决定合同额。每单单产取决于什么呢？取决于销售对客户需求把握的精准度、方案提供的有效性、方案价值的量化和显性化，以及客户对方案价值的认同度。同时，还与产品组合有关。

回款是合同额与回款比例的乘积，回款比例与产品结构、定价策略、销售策略、商务谈判能力有关。回款是销售人员的销售业绩，对签约客户再次销售和跟进，再次续费和转化，会形成持续贡献，这其中涉及续费率。

有了这个清晰的计算过程，销售就可以有针对性地改善和提升，从而有效提升销售业绩。比如，在实际销售中，我有1000个线索，线索到商机的转化率是15%，有效商机是150个。有效商机的赢率是10%，那么我会有15张订单。每单单产3万元，回款比例为100%，按当前的情况预测能完成的业绩是45万元。

假设每单单产3万元没有提升空间了，要提升业绩该从何下手呢？这时候就要考虑，能不能获得更多线索？转化率能提升吗？赢率可以提升吗？比如，我能不能将线索提升到1500个？转化率能不能提高到20%？赢率能不能提升到20%？做了这样的提升后结果是多少呢？60万元，业绩增长了33%。

再比如，我有100个线索，线索有50%转化为有效商机，有效商机中有30%可以成交，销售周期需要90天，每单签80万元，回款比例为70%，这时候可以完成的业绩是840万元。在这种情况下要提升业绩可以从哪下手呢？目前的商机转化率比较高了，这个例子中单产较高、周期较长，核心在于过程控制和转化能力，比如，赢率能不能提升到40%？每单单产能不能提升到100万元？做了这样的改进后业绩结果会是1400万元，业绩增长67%。

以上两个例子的计算过程如图6-4所示。

由此来看，决定销售业绩的核心是什么？核心是线索数量、转化率、商机赢率、每单单产、回款比例、销售周期。销售业绩和线索数量、转化率、商机赢率、每单单产、回款比例正相关，和销售周期负相关。

通过这个公式，我们还可以计算出，如果线索数量、转化率、商机赢

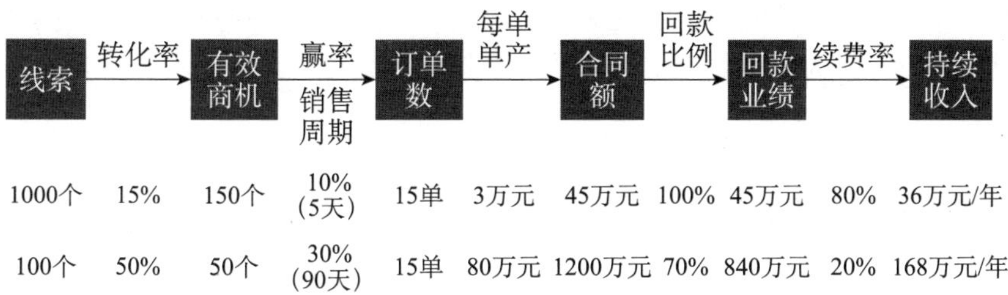

图 6-4　从线索到持续收入的计算过程

率、每单单产和回款比例分别提升 5%，同时销售周期缩短 5%、资源投入降低 5%，假设其他因素不变，销售业绩可以提升 41%。这就是提升销售绩效的密码（见图 6-5）。

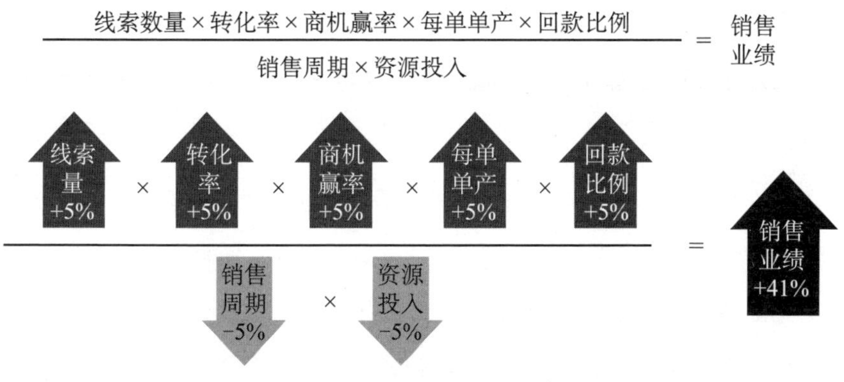

图 6-5　销售业绩的提升密码

在实际管理中，很难做到所有指标同步改变 5%。有些指标可能是阶段性的重点，比如这个阶段重点突破赢率问题，下个阶段重点突破转化率问题，再下个阶段重点解决增加线索问题，过段时间集中提升每单单产，适当时候解决缩短销售周期的问题。在同一个时间段，重点关注和改善2～3 个指标，就很不容易了。

怎么改善这些指标呢？用什么方法实现改变呢？这就要提到指标衡量体系——AOR 指标体系。AOR 指标体系中的 A 是销售活动（Activities），是日常销售行为和动作。O是目标（Objectives），指销售管控和项目管理，是进行过程管理的关键指标。R是结果（Results），指商业结果和业务结果，即我们关注的业绩和商业目标。

AOR指标体系能将业务结果与日常经营活动关联起来。比如，要改善财务和市场份额指标，希望取得营收规模的增长、提升增长率、提升市场份额，这些都是期望的结果，要实现财务指标的增长，就要将其分解成销售项目的管理指标。

要想改善财务和市场份额指标，可以从以下几方面入手：

（1）提升市场覆盖度。市场中有多少客户？我们是不是拜访和覆盖了？用什么样的销售成本实现这个市场的覆盖？

（2）提升销售能力。销售能力的提升包含提升赢单率、缩短销售周期等。

（3）调整客户组合。新客户和老客户贡献占比分别是多少？新增客户占多少？老客户占多少？老客户留存和续费是多少？销售业绩达成与销售机会来源、新老客户占比、老客户续费率有关。

（4）优化产品组合。增加交叉销售，形成不同产品组合卖给客户。比如，以前卖A产品给客户，交叉后同时卖出A和B，或者将A、B、C三个产品形成一个解决方案提供给客户，可能销售周期、销售成本都没有太大变化，因为有了产品组合和交叉销售，每单单产得以提升。

以上四条是管理指标、管控指标、项目型指标，这些指标可以支撑业务结果，但是无法直接指导销售人员的具体行为和动作。怎样才能把这些指标变成销售人员的现实行动呢？

（1）改善客户拜访习惯。拜访客户前有没有做计划？客户拜访计划的利用率如何？跟每个客户沟通的时长怎么样？做好客户拜访计划，明确拜访目标，认真提问和倾听，有针对性地呈现优势，做好每个环节才能有效提升沟通效果和拜访质量。

（2）加强机会管理。加强对销售机会（也就是单一销售目标）的有效管理，思考以下问题：你有多少销售机会？有没有对销售机会进行定期分析？行动计划执行情况如何？

（3）深化客户管理。思考你的团队针对战略客户、大客户和常规客户，有没有相应的客户经营计划？客户经营计划的完成情况如何？多久和客户沟通一次？客户沟通的效果如何？客户是公司最重要的资产，所以对客户进行分类管理、计划管理非常重要，否则宝贵的客户资产可能正在悄悄流失。

（4）细化区域管理。在你负责的区域里，每位销售的人均线索量有多少？人均拜访量是多少？客户覆盖度和拜访比是多少？拜访和覆盖的客户占整个区域市场目标客户的比例是多少？这些是非常关键的指标，反映这个区域市场还有多大空间，还有多少事情和工作需要做，可以从哪些角度加强该区域的客户开发和管理，投入什么资源来实现区域市场覆盖和区域销售管理。

（5）强化销售支撑。销售的支撑工作与销售人员与销售经理的配比以及销售人员和售前人员的配比相关，这两个指标又与公司的商业模式、销售模式，以及项目复杂度、客户类型相关。销售人员的培训时间、培训内容都属于销售支撑的范畴，其中培训内容包括销售技能、销售方法、解决方案和产品知识的培训。这些培训的覆盖度、频率如何？销售人员在岗工作过程中，有多少时间可以接受辅导？被辅导的频率和时长是多少？是一月一次、两周一次、一周一次，还是一周多次？关注这些和销售支撑相关的指标才能真正改善销售活动的效果。此外，有多少销售使用了有效的销售工具和销售方法，占全部销售人员的比例有多少？客户管理、销售机会管理使用了科学的销售工具和方法了吗？使用了科学的销售工具和方法的占多大比例？

如果销售支撑不到位，销售活动将无法按计划开展。客户拜访、销售机会管理、客户管理、区域覆盖，都不能有效执行，进而导致管理指标（如市场覆盖度、销售能力、产品组合与客户组合）无法实现。销售人员没有切实按计划和要求行动，没有正确的行为和动作，这些管理指标不可能实现。管理指标实现不了，所期望的财务指标和市场份额指标增长这些业务结果自然也成为空中楼阁。AOR 指标体系如图 6－6 所示。

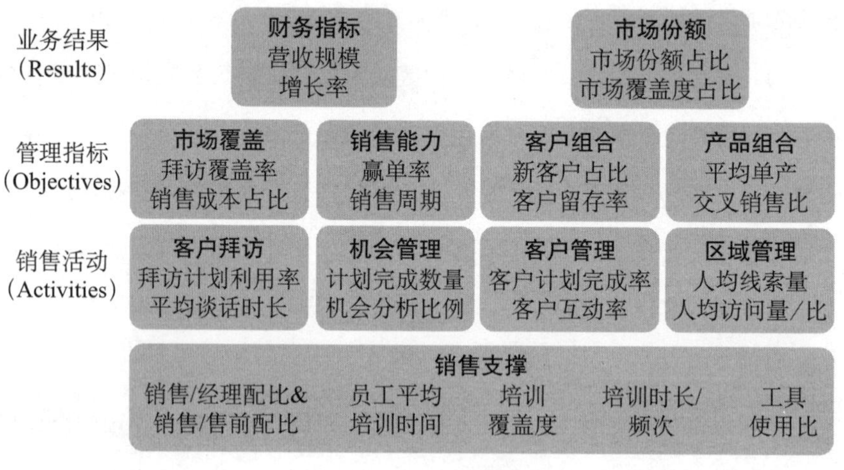

图 6－6 AOR 指标体系

AOR 指标体系把希望的业务结果、管理指标、销售活动关联了起来，分析其内在逻辑关系，能帮助我们从销售活动的细节之处加以改进，从而有效提升业务结果。

从分析中可以看到，业务结果与每个人的销售行为密切相关，与每个人的训练辅导以及日常精力分配相关。通过 AOR 指标体系的层层分解我们可以清晰地知道，应该从哪里入手，改善哪些指标，从而实现更好的绩效目标。

31. 绩效提升密码

要想探寻提升绩效的密码，先问自己几个问题：团队中有多少销售在拜访客户时知道客户此时此刻之所想？有多少销售想过此次拜访客户想谈些什么？谈完后是否达到了双方的预期、赢得了客户信任？在过去十年的咨询和辅导过程中，我发现有12.3%的销售能够做到，而87.7%的销售做不到这三条。

客户是多变的，客户的组织是多变的，客户的诉求也是多变的，客户是在为他们的事情着急。当客户进行重大决策时，也就是我方分析能不能赢单时，有多少团队会进行定期分析？有多少团队会全面分析影响因素？有多少团队制定了有效的赢单策略？又有多少团队会定期针对战略客户召开经营分析会？这个数字的调查结果是8.6%。大客户往往由销售个人控制，重要项目凭经验和感觉。

在制定年度业绩指标时，是在上一年基础上加个比例算一个，还是你报给老板后，老板说太低，要翻倍？公司如何制定业务计划预算？有多少组织能动态考核和评价每个销售团队、部门乃至每个人的利润贡献？这个数字的调查结果是 4.5％！

这是我们在服务客户过程中调查得到的数字。每次看到这些数字我都感到担心和焦虑。销售拜访客户时内心压力巨大，拜访完之后呢？可能更大了！他会幸福吗？销售管理者评估团队项目时，心理阴影面积怎么样？很大！评估完之后呢？更大了！他能幸福吗？

管理者心理阴影面积很大："掰着手指头数数手下的兄弟，想想自己的团队，想来想去干不成啊！他们什么样我还不知道！"做好销售，必须要围绕客户，要能洞察趋势、领会客户战略、理解客户业务、帮客户规划路径，还要理解客户应用场景，能够分角色进行对话，还要把控整个决策链条，深入客户内部结构层面分析，然后制定策略推进客户决策，构建双赢……不容易！

如果说一个销售团队或销售个人需要具备三种基本能力：拥有足够信息、掌握相关技能、有积极的态度，哪个更重要？

最多的人认为态度更重要，态度决定一切嘛！也有人说信息很重要，没有信息就没法打仗。还有人说，技能最重要，因为技能是落地执行的关键。都有道理。

关于组织绩效，吉尔伯特（Gilbert）提出了行为绩效模型，这个模型谈到了影响组织绩效的关键因素包括环境和个人。

从环境影响因素来讲，组织是否给销售个人提出了明确的绩效要求，销售知道自己该干什么吗？他是否知道自己干得对不对？他能得到及时的反馈和辅导吗？有明确的绩效要求与标准并且能及时给予反馈，这部分影响因素占到 35％。是否给了销售足够的资源（如商机和时间），有没有专业销售流程和方法论指导，是否有配套的工具可以马上拿来使用，这部分影响因素占到 26%。是否制定了合理的薪酬与奖惩机制以激发大家的意愿和斗志，是否带给个人非物质回报，能否提供个人职业发展机会，这部分影响因素占到 14%。也就是说，环境因素对个人绩效的影响达 75%，是决定性的。所谓“橘生淮南则为橘，生于淮北则为枳”。

从个人影响因素来讲，个人是否具备特定的行业知识、产品知识、客户知识以及销售技能与方法，这部分影响因素占到 11%。个性和特质部分，比如性格是外向还是内向、是否为客户着想、是否善于与人打交道等，这部分影响因素占到 8%。个人内在动机，即是否有成就的动机、是否愿意成就他人、是否有客户价值和双赢导向，这部分影响因素占到 6%。也就是说，知识与技能、个性特质、个人动机这三种个人层面的影响因素占到 25%。环境和个人两类影响绩效的因素如图 6－7 所示。

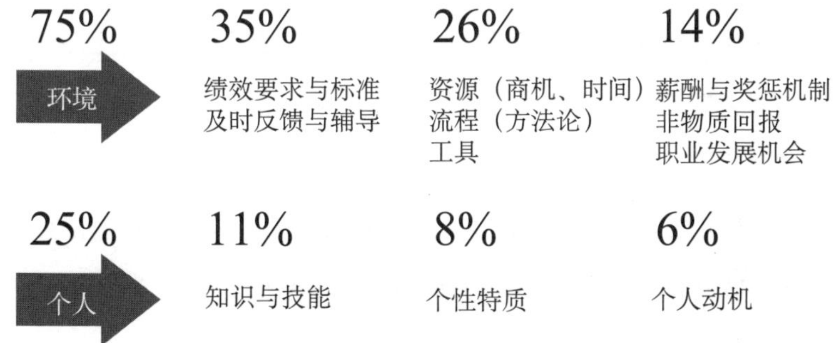

图 6－7　组织绩效的影响因素

图 6－7 所示的数据是组织绩效影响因素在业界被公认的情况。在这种情况下，到底怎么做能更有效地提升组织绩效呢？

针对图 6－7 中的数字，再想想，搞培训有用吗？我们的公司中有方法论吗？有在岗辅导吗？这是一套绩效提升的组合拳。

选人适岗，动机激发，配套方法论和工具，进行知识技能训练，及时给予反馈和在岗辅导，制定合理的考核激励机制。这就是销售团队需要做的（见图 6-8）。

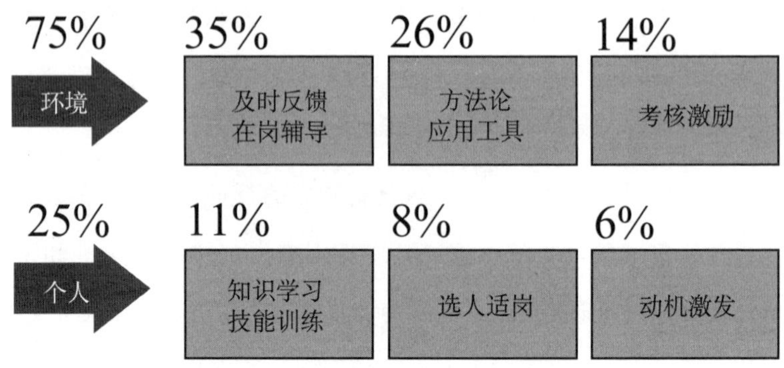

图 6-8　销售团队提升绩效的举措

有了图 6-8 所示的绩效提升路径，应该如何导入、落地呢？

培训是必要的。知识和技能的训练对销售人员很有必要。由谁培训呢？虽说外来和尚好念经，但念完之后呢？如何使培训的成果规模化、持续化、实战化、接地气？首先要将课程打造成精品，形成标准化的流程、全套的教学工具和资源，这样可以降低老师授课难度，相对容易地让老师上手讲课，同时学员的听课体验和效果有保证。这样做还可以培训出更多的培训师。企业偶尔请外脑来上一两次课，作用不大，无法实现专业化、实用化、规模化、持续化的训练效果。有了精品课程，有全套的教学资源和工具，企业就可以培养更多的内训师和教练，帮助销售管理者成为教练。

很多销售管理者都有的一个通病是习惯于“问业绩”，这是因为他们是“大销售”，不是“教练”。这是目前销售团队管理存在的很大问题。销售组织帮助管理者掌握教练辅导方法，帮助他们成为教练，能及时辅导销售人员，针对具体岗位、工作、人员、任务直接在岗带教和辅导，通过内部教练赋能给销售团队的每个人，实现常态化的在岗辅导和及时反馈。

培训辅导是一个过程，还需要工具的辅助，应用工具矫正销售人员的日常行为。很多培训，课讲完就完了，课程之后实际工作有什么变化，很少被关注。通过应用工具，将学习的知识和方法用到具体工作实践中，工具就像练字用的字帖，矫正日常行为，实现方法的有效落地。

将技能方法转化到日常具体工作中，离不开有计划、常态化、持续的在岗辅导。不仅要建立日常应用的机制，团队共同应用，而且要记录过程和效果，及时修正。

在这样的背景下，我和团队利用过去四年时间探索和践行了一套全新的销售团队绩效提升模式和路径，多家世界 500 强企业以及行业龙头企业应用了这套方法和工具，效果显著。这套方法和工具包括以下五个层面。

现状评估

现状评估包括业务组织评估和销售团队评估。一方面，结合组织的商业模式与产品定位，评估应采用什么销售模式，是产品销售、解决方案销售，还是战略销售，是用规模化效率销售方式还是大客户经营模式，是用直销还是分销，等等。另一方面，针对团队个人进行知识技能测评和个人特质测评，对团队现状进行摸底，匹配相应的销售模式。

导师认证

精选组织内有意愿、有潜力、有经验的管理者及精英，通过版权精品课程的培训和授权，对这些管理者和精英进行培训并认证，使他们成为内训师和教练。这些内部力量将完成团队的技能训练，带领团队学习和应用销售工具。

赋能培训

得到认证的内训师结合组织业务特征及团队实际情况，有针对性地准备后对团队开展标准化课程培训，帮助大家理解原理、掌握方法、使用销售工具和话术，建立团队统一的思维模式和对话语言，完成标准训练和团队赋能。

工具应用

在举行技能训练和赋能培训后，通过简单易用的移动端工具，将具体销售方法应用于日常工作中，通过工具固化动作和行为，从而帮助团队养成习惯，确保培训方法的落地应用。同时，工具应用积累的大数据，能帮助管理者对销售人员进行有针对性的辅导和持续跟进。

实战辅导

通过培训赋能的方法，在统一团队方法和语言的基础上，结合简单易用的工具，在日常销售行为和具体任务中进行常态化的在岗辅导和及时反馈，针对每个人的具体情况进行个性辅导和反馈，这样做不仅团队绩效提升明显，而且有效帮助个人成长。赢单罗盘整个体系如图 6－9 所示。

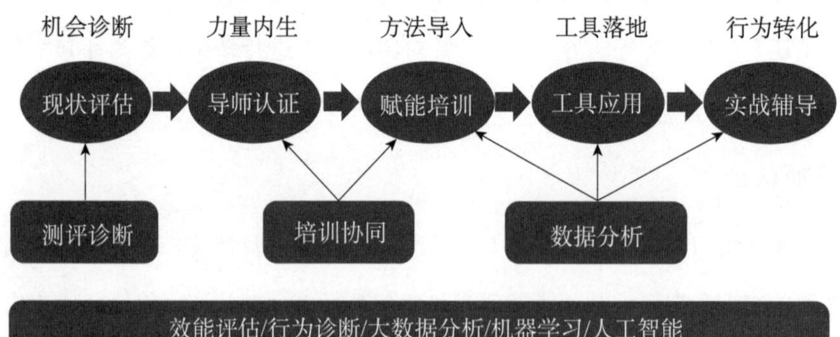

图 6－9　赢单罗盘体系

通过诊断评估、销售方法论引入、内训师认证培养、销售技能赋能培训、销售工具应用、在岗辅导与反馈，每个销售团队都有机会通过培养内部力量得到销售能力的传承，升维团队意识、升级销售方法、统一团队行为，同时结合数据分析，针对实际情况及时动态调整，通过多维改善提升销售绩效。

32. 赢单 Y90

方法很好，道理都对，如何应用？回归现实。

对于大单销售，很多人都有自己的经验，有一套自己的打法，更多是凭经验、靠感觉，在自己的感悟中打单。在面对大单时，组织没有固定章法，缺少统一的、结构化的信息收集方法，也缺少统一的项目分析流程和机制。我们就从这里开始，为组织导入一套流程方法。这套方法就是 Y90。

赢单 Y90，Y 就是赢，90 就是 90 天。通过 90 天实战辅导，为团队系统导入方法工具，建立大单分析流程和机制，系统提升团队打单和赢单能力，这就是赢单 Y90 的大单赢率提升实战辅导。

用 90 天的时间系统实现四个目标：建立流程和方法，管理销售机会，精准分配资源，管理者做教练。Y90 为团队导入统一的方法和流程，提升大单赢率，通过定期分析和有效跟踪管理销售机会，做到每次行动目标清晰、资源匹配精准，同时帮助管理者成为教练，更好地带教辅导并赋能销售人员，帮助销售人员赢单。

Y90 怎么操作运行呢？Y90 的操作方法可以用一串数字“721151”来

总结，称为“六点方法”：7天准备、2天培训、1天策略工作坊、1天教练、5轮实战、1天总结，整个过程持续90天，完成一个项目化运营和管理的过程。

第一步：立项启动

启动这样的实战辅导项目，要先做好立项和启动准备。这是正式的项目管理过程，需要领导的高度重视和全员共识。项目立项包括确定团队范围、实施范围、实施目标，明确团队分工，拟定实施计划，制定奖惩机制。

准备进行实战的团队成员名单，包括挑选参加实战的团队人员名单以及准备培养的内部教练名单。准备好准备实战的真实的项目，以便在实战辅导中真刀实枪打单，实战项目要求是正在跟进中的、不同行业的、不同销售阶段的项目，直接用来分析和演练。

项目要有正式启动会。项目启动会有高层领导、业务负责人和全体实战团队成员出席。领导做立项启动和工作部署，目的是把这项工作提升到战略高度，使全员明确目标和共识。相应领导和负责人签署“责任承诺书”，实战团队成员签署“目标承诺书”，做出承诺，为承诺而战。

第二步：标准培训

立项后进入标准方法导入的培训环节。标准的方法培训课程用时两天，团队成员通过实战案例模拟对抗，学习和理解策略销售的核心概念及赢单九问应用方法，掌握项目分析的基本步骤和流程，建立全局思维和谋定而后动的意识。同时，在实战对抗过程中培训师能了解团队打单风格和套路，对团队进行初步摸底和诊断，便于在实战中因材施教。

第三步：实战导入

标准培训后进入一天的策略工作坊。针对团队准备的实战项目，策略工作坊通过五个步骤、十二项任务逐一深度研讨，分析形势，制定策略和行动计划，应用工具，实现实战项目的标准化梳理和导入。策略工作坊相当于把学习的理论方法与自己的真实项目相融合，也就是理论和实践结合的过程。

第四步：教练培养

完成标准培训和策略工作坊之后，就可以针对确定的教练人选名单，结合 2 天标准课程培训和 1 天策略工作坊的情况，精选教练人选并进行教练认证。教练培养的过程要使教练掌握五步实战辅导流程、方法和工具，达到可以带教辅导团队召开双周分析会的水平，使教练成为组织内日常带教辅导的中坚力量，从而赋予团队日常实战的带教辅导能力。

第五步：实战辅导

针对挑选出的实战项目，实战团队采用双周分析会的方法，开展双周实战循环。内部教练和外部教练带领销售团队，按照双周分析会的“明确目标、回顾进展、分析障碍、研讨方案、付诸行动”五步流程分析项目，形成双周的行动计划，双周迭代持续往前推进。每两周做一次实践分析，10 周连续进行 5 轮循环。

重复使用这套方法、思维和工具，销售团队会进入到这种思维模式和习惯中去，会逐步形成统一的语言、统一的思维和基本一致的方法，这对于提升沟通效率、提升项目赢率、提升大项目分析和管控能力很有帮助。

第六步：总结转化

经过 90 天的导入，团队对项目进行了持续实战跟进，这时候用一天时间进行经验萃取，总结标准动作，总结成功经验，提炼最佳实践。同时要分析丢单和进展不利的原因，找到差距和不足，有针对性地制订改进计划。另外要根据系统记录的分析和行为数据进行诊断，进行大数据分析和挖掘，找到促使项目成功的因素以及阻碍项目成功的障碍，形成组织大项目管理的持续化、标准化、常态化的制度和能力。Y90 的整个过程如图 6－10 所示。

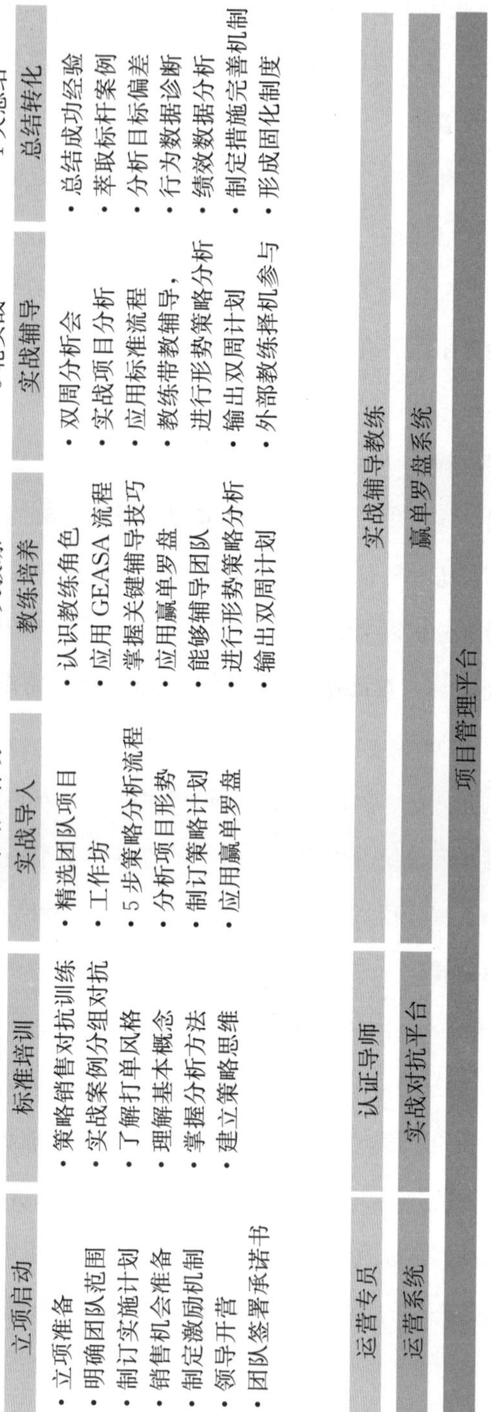

7 天准备	2 天培训	1 天策略工作坊	1 天教练	5 轮实战	1 天总结
立项启动	标准培训	实战导入	教练培养	实战辅导	总结转化
· 立项准备 · 明确团队范围 · 制订实施计划 · 销售机会准备 · 制定激励机制 · 领导开营 · 团队签署承诺书	· 策略销售对抗训练 · 实战案例分组对抗 · 了解打单风格 · 理解基本概念 · 掌握分析方法 · 建立策略思维	· 精选团队项目 · 工作坊 · 5 步策略分析流程 · 分析项目形势 · 制订策略计划 · 应用赢单罗盘	· 认识教练角色 · 应用 GEASA 流程 · 掌握关键辅导技巧 · 应用赢单罗盘 · 能够辅导团队 · 进行形势策略分析 · 输出双周计划	· 双周分析会 · 实战项目分析 · 应用标准流程 · 教练带教辅导，进行形势策略分析 · 输出双周计划 · 外部教练择机参与	· 总结成功经验 · 萃取标杆案例 · 分析目标偏差 · 行为数据诊断 · 绩效数据分析 · 制定措施完善机制 · 形成固化制度

运营专员 | 认证导师 | 实战辅导教练

运营系统 | 实战对抗平台 | 赢单罗盘系统

项目管理平台

图 6-10 Y90 的整个过程

以上六个步骤就完成了 Y90 的整个过程。这个过程需要配套的运营服务的支持，需要相应的师资和内外部教练，还需要相应工具和系统的支撑。

实际应用案例证明，很多团队和组织引入实施 Y90 后取得了非常好的效果。在项目运营过程中，大家随时总结打单经验，随时分享打单心得。很多销售表示做了十几年，大大小小项目做过很多，有过成功，有过失败，积累了许多经验，最后发现自己的那些套路和方法都暗含在这些规律中，原来成功基本是一样的，失败各有原因。失败的项目都是因为忽略或违背了销售的规律和原则。

项目运营过程中，团队还要建立签约喜报机制、积分和奖励办法，对双周分析和日常工作的进展、成效随时进行通报和分享，激活组织和个人的积极性，提升团队士气。通过 Y90 项目的运营，每个人真正成为参与者，每个人都有了成就感，那些迷盲、困惑的情况都变成了过去式。

让每一位新进入团队的销售人员掌握一套先进方法和工具，对个人业务能力有帮助，对组织达成业绩目标有帮助，同时能让每个人都获得成长、成功，让每个人成为英雄。

如果团队每个人都能成为销售英雄，相信这个团队必是英雄的团队、能战斗的团队、常打胜仗的团队。

每个销售人都梦想加入这样的团队，每个管理者都想组建这样的团队。

一切都已就绪，只须启动。

销售罗盘精品销售课程和工具

策略销售系列

- 策略销售沙盘对抗精品课程
- 策略销售版权课程导师认证
- 策略销售策略工作坊
- 策略销售教练认证
- 策略销售在岗实战辅导
- 策略销售在岗实战教练认证
- 赢单 Y90 大单赢率提升实战辅导项目
- 赢单罗盘 APP
- 赢单罗盘分析软件（SaaS）

信任五环系列

- 信任五环视频精品课程
- 信任五环版权课程导师认证
- 信任五环拜访工作坊
- 信任五环教练认证
- 信任五环在岗实战辅导
- 信任五环在岗实战教练认证

- 蝶变 Y23 拜访效能提升实战辅导项目
- 拜访罗盘 APP
- 拜访罗盘工具软件（SaaS）

营销规划系列

- 营销规划沙盘对抗精品课程
- 营销规划版权课程导师认证
- 营销规划工作坊
- 营销规划教练认证
- 营销规划在岗实战辅导
- 营销规划在岗实战教练认证
- 智胜 Y365 营销规划实战辅导项目
- 规划罗盘工具软件（SaaS）

参考文献

[1] 夏凯，田俊国．赢单九问：系统讲透策略销售的实战宝典［M］．北京：北京联合出版公司，2015.

[2] 夏凯．信任五环：超级销售拜访技巧［M］．北京：人民大学出版社，2016.

[3] 夏凯．独孤求 Buy：顶尖销售的成长与战斗笔记［M］．北京：北京大学出版社，2012.

[4] 史蒂芬·E. 黑曼，黛安·桑切兹，泰德·图勒加．新战略营销［M］．齐仲里，姚晓冬，王富滨，译．北京：中央编译出版社，2008.

[5] 史蒂芬·E. 黑曼，黛安·桑切兹，泰德·图勒加．新概念营销［M］．官阳，译．北京：中央编译出版社，2006.

[6] 罗伯特·B. 米勒，史蒂芬·E. 黑曼，泰德·图勒加．成功的大客户管理［M］．俞缄，译．詹正茂，审校．北京：中央编译出版社，2006.

[7] 尼尔·雷克汉姆，约翰·德文森蒂斯．销售的革命［M］．陈叙，译．北京：中国人民大学出版社，2009.

[8] 瑞克·佩吉．竞争性销售：简化企业销售的六大关键［M］．何涌，译．北京：中国财政经济出版社，2004.

[9] 瑞克·佩吉．打造卓越销售团队：世界上最伟大的销售团队如何做事［M］．方琳，宋大海，译．北京：人民邮电出版社，2007.

[10] 迈克·博斯沃斯．约翰·霍兰德，弗兰克·维斯卡蒂斯．攻心式

销售［M］. 邱璟旻，张无尘，译．北京：中华工商联合出版社，2010.

［11］基斯·伊迪斯．再造销售奇迹［M］. 刘复苓，译．北京：中国财政经济出版社，2005.

［12］马修·狄克逊，布伦特·亚当森．挑战式销售：引爆第四次销售革命［M］. 蔺雷，译．北京：化学工业出版社，2013.

［13］兰迪·蔡斯．竞争性销售：如何在 B2B 市场中胜出［M］. 毕崇毅，译．北京：机械工业出版社，2011.

［14］琳达·理察森．完美销售教练：销售经理绝对提升指南［M］. 马慧，中原，译．北京：中华工商联合出版社，2010.

［15］杰森·乔丹，米歇尔·法森那．99%的销售指标都用错了：破解销售管理的密码［M］. 毛雪梅，译．北京：中国人民大学出版社，2017.

［16］约翰·霍兰德，蒂姆·扬．互联网时代的大客户销售［M］. 赵周，张科丽，译．北京：中国人民大学出版社，2012.

图书在版编目（CIP）数据

赢单罗盘：大客户销售制胜之道/夏凯著. —北京：中国人民大学出版社，2018.12
ISBN 978-7-300-26145-4

Ⅰ.①赢… Ⅱ.①夏… Ⅲ.①企业管理-销售管理 Ⅳ.①F274

中国版本图书馆 CIP 数据核字（2018）第 198354 号

赢单罗盘
大客户销售制胜之道
夏　凯　著
Yingdan Luopan

出版发行	中国人民大学出版社		
社　　址	北京中关村大街 31 号	**邮政编码**	100080
电　　话	010－62511242（总编室）		010－62511770（质管部）
	010－82501766（邮购部）		010－62514148（门市部）
	010－62515195（发行公司）		010－62515275（盗版举报）
网　　址	http://www.crup.com.cn		
	http://www.ttrnet.com(人大教研网)		
经　　销	新华书店		
印　　刷	天津中印联印务有限公司		
规　　格	160 mm×235 mm　16 开本	**版　　次**	2018 年 12 月第 1 版
印　　张	17.5 插页 2	**印　　次**	2024 年 8 月第 4 次印刷
字　　数	204 000	**定　　价**	66.00 元